별들의
이야기

별들의 이야기

나의 영원한 길잡이 별 아버지께 이 책을 드립니다.
- 앤디 윌크스 -

나의 소중한 두 별 오반과 키란에게 이 책을 바칩니다.
- 애니타 개너리 -

Star Stories by Anita Ganeri and illustrated by Andy Wilx

Illustration copyright © 2018 by Andy Wilx
Text copyright © 2018 by Anita Ganeri
Design copyright © 2018 by Templar Publishing
First published in the UK by Templar Publishing, an imprint of Bonnier Books UK Ltd.
The Plaza, 535 King's Road, London, SW10 0SZ
www.templarco.co.uk
www.bonnierbooks.co.uk
All rights reserved.

Korean translation rights © 2021 by ITER
Korean translation rights are arranged with Templar Publishing, an imprint of
Bonnier Books UK Ltd. through AMO Agency Korea.

이 책의 한국어판 저작권은 AMO 에이전시를 통해 저작권자와 독점 계약한 이터에 있습니다.
저작권법에 의해 한국 내에서 보호를 받는 저작물이므로 무단 전재와 무단 복제를 금합니다.

우리가 몰랐던 신화 속 숨은 비밀

별들의 이야기

애니타 개너리 글 · 앤디 윌크스 그림
김정한 옮김

놀이터

| 목차 |

고대 그리스

친구를 위해 백조가 된 아이 – 백조자리   7

흰 날개가 달린 말 – 페가수스   10

황금 털을 지닌 양 – 양자리   14

개와 여우 – 큰개자리와 작은개자리   21

칼리스토와 아르카스 – 큰곰자리와 작은곰자리   24

헤라클레스의 모험 – 헤라클레스자리   27

안드로메다와 바다 괴물 – 안드로메다   34

북미와 남미

북극곰과 세 사냥꾼 – 북극곰자리와 개자리(황소자리)   38

할머니 거미와 태양 – 태양   41

여름을 가져다준 피셔 – 북두칠성(큰곰자리)   45

별들을 흩뿌리고 다니는 코요테 – 은하수   50

라마별 – 은하수   55

아프리카

태양신과 뱀 – 태양　　57

파라오의 영혼 – 오리온　　61

별이 된 기린 – 남십자성　　66

아시아

길가메시와 황소 – 황소자리　　69

하늘로 올라간 개 – 큰개자리　　75

까치가 만든 다리(오작교) – 백조자리와 은하수　　79

호주와 오세아니아

별들을 실은 카누 – 은하수　　83

히나와 상어 – 오리온자리　　86

일곱 자매 이야기 – 플레이아데스　　89

에뮤의 알과 태양 – 태양　　92

하늘의 에뮤 – 은하수　　95

백조자리

친구를 위해 백조가 된 아이

고대 그리스 신화의 비밀

북쪽 하늘의 수많은 별들 중에 날개를 활짝 편, 목이 길고 커다란 백조가 있습니다. 먼 옛날, 이 백조는 땅 위에 살던 사람이었습니다. 하지만 지금은 은하수를 가로지르며 끝없이 미끄러지듯이 날아가고 있습니다.

이 땅의 맨 끝에 있는 태양신 헬리오스의 황금 궁전은 아주 웅장하고 멋진 곳이었습니다. 매일 새벽, 별빛이 희미해지고 하늘에도 어둠이 가시면 헬리오스는 번쩍이는 전차를 몰고서 성문을 뚫고 하늘로 가 다시 한 번 세상에 빛을 전해 주었습니다. 네 마리의 불타는 말이 전차를 이끌었는데, 뿜어져 나오는 빛이 너무 밝아서 아무도 똑바로 쳐다볼 수 없었습니다.

헬리오스에게는 파에톤이라는 인간 아들이 있었습니다. 파에톤은 날마다 아버지 헬리오스가 하늘을 가로지르는 것을 지켜보며 부러워했습니다. 그래서 하루는 무릎을 꿇고 아버지에게 간절히 애원했습니다. "아버지, 아버지의 전차를 한 번만 몰아 보게 해주세요, 제발요. 딱 하루만이요."

이글거리는 눈으로 아들을 바라보던 헬리오스는 고개를 가로저으며 말했습니다. "그건

친구를 위해 백조가 된 아이

안 돼. 하늘을 가로지르는 길은 너 같은 인간에게는 너무나도 위험하단다. 무엇보다 그 길은 경사가 너무 가팔라서 말들도 아주 간신히 올라갈 수 있어. 게다가 너무 높이 치솟아서 나조차도 심장이 벌벌 떨린단다. 마지막으로, 아주 조금만 잘못 움직여도 바다에 그대로 곤두박질치고 말지. 네 부탁이라면 내가 무엇이든 다 들어줄 수 있지만 이번만큼은 절대로 들어줄 수가 없어."

그럼에도 아들 파에톤의 간청은 계속되었고, 헬리오스는 마지못해 부탁을 들어주기로 했습니다. 신이 난 파에톤은 말들을 전차에 매고 고삐를 잡은 다음 정신없이 달려 나갔습니다. 그런데 얼마 안 되어 재앙이 닥쳤습니다. 무거운 헬리오스를 태우고 달리는 데 익숙했던 말들은 가벼운 파에톤이 전차를 몰자 거침없이 앞으로 달렸습니다. 높은 곳에서 낮은 곳으로 내려가고, 낮은 곳에서 높은 곳으로 올라가며 전차는 수시로 방향을 바꾸었습니다.

땅에서는 전차 바퀴가 닿는 곳마다 불이 붙었습니다. 산불이 일어나고, 강과 호수는 물이 증발하고, 사막은 더욱 메말랐으며, 넓은 숲은 불에 활활 타 버렸습니다. 말들이 불을 일으키자 파에톤은 잔뜩 겁에 질려 신들에게 도움을 요청했습니다.

신들은 지구를 구하려면 재빨리 행동에 나서야 한다는 것을 잘 알고 있었습니다. 올림포스산에서 가장 강력한 힘을 지닌 신들의 왕 제우스는 우레를 낚아채 전차에 던져 산산조각을 냈습니다. 그 바람에 파에톤은 불길에 휩싸인 채 하늘에서 떨어져 멀리 아래에 있는 강으로 곤두박질쳤고, 그대로 죽어 버리고 말았습니다.

시그너스는 파에톤의 가장 친한 친구였습니다. 친구에게 일어난 일을 알게 된 그는 몇 날 며칠 그를 찾아 헤맸습니다. 그러다 마침내 불에 탄 채 박살이 난 태양신의 전차를 발견했습니다.

시그너스는 몇 번이고 물속으로 뛰어들었지만 아무리 노력해도 깊이 자맥질을 할 수가 없었습니다. 그는 친구를 생각하며 슬픔에 휩싸여 눈물을 흘렸습니다. 파에톤의 누이들도 강둑으로 모여 함께 울었습니다. 이들은 끝내 포플러나무로 변했고, 그들의 눈물은 황금빛 호박이 되었습니다.

위대한 제우스는 친구의 죽음에 슬퍼하는 시그너스의 모습에 크게 감명을 받았습니다.

친구를 위해 백조가 된 아이

제우스가 시그너스 앞에 나타나 말했습니다. "내가 너를 백조로 바꿔 준다면 너는 누구보다 깊이 물속으로 들어갈 수 있고, 누구보다 더 잘 헤엄칠 수 있게 될 것이다. 하지만 다시는 인간의 모습으로 되돌아가지 못한다. 그래도 좋으냐?"

시그너스는 백조의 모습으로 영원히 살 자신의 모습을 잠시 상상해 보았습니다. 이윽고 그는 자신의 소중한 친구를 떠올리며 엄숙한 표정으로 제우스의 뜻에 따르겠다고 말했습니다. 그러자 시그너스의 입은 순식간에 둥근 부리로 바뀌었고, 흰 깃털이 자라나 그의 검은 머리카락을 감췄습니다. 또 목은 길게 늘어나고, 팔은 강력한 날개로 변했으며, 발에는 빨간 물갈퀴가 생겼습니다. 맹렬한 기세로 물속에 뛰어들자 헤엄치기도 한결 쉬워졌습니다. 덕분에 그는 파에톤의 시신을 재빨리 찾을 수 있었습니다.

이 상황을 하늘에서 전부 지켜본 제우스는 친구를 위해 자신을 희생한 시그너스에게 큰 감명을 받아 그를 하늘로 올려 별들 사이에 두었습니다. 친구에 대한 그리움에 시그너스는 여전히 은하수를 날아다니면서 구슬픈 백조의 울음소리를 내고 있습니다. 지금도 우리는 백조가 물 밑으로 자맥질을 하고 가느다란 목을 움츠리는 모습을 볼 수 있습니다. 또 강둑 옆에는 높이 자란 포플러나무들이 보입니다.

페가수스

흰 날개가 달린 말
고대 그리스 신화의 비밀

페가수스가 흰 날개를 활짝 펴고 별 무리 사이로 높이 솟으며 빛을 냅니다. 신들의 왕 제우스가 사용하는 우레를 가지고 다니는 이 말은 영웅들의 대담한 모험에 함께합니다. 이 별자리가 높이 솟으면 봄이 오고 있다는 신호입니다. 그리스에서는 천둥과 벼락이 치는 계절이 됐다는 뜻이기도 합니다.

★ ★ ★

페가수스의 이야기는 고대 폴리덱테스 왕국에서 시작됩니다. 페르세우스는 여러 해 동안 폴리덱테스 왕국의 궁전에서 지냈습니다. 자신에게 잘해 준 왕에게 보답할 방법을 찾던 그는 왕이 베푼 성대한 연회에서 아주 귀한 선물을 바치겠다고 약속했습니다. 그것은 바로 메두사의 머리였습니다. 메두사의 머리를 가져오는 것은 아무리 위대한 영웅이라도 쉽지 않은 일이었습니다. 메두사는 청동 발톱, 비늘 덮인 날개, 멧돼지 엄니처럼 생긴 커다란 송곳니를 지닌 끔찍한 괴물이었기 때문입니다. 게다가 머리카락은 모두 뱀이었고, 타오르는 불꽃처럼 쉬쉬 소리를 냈습니다. 가장 끔찍한 일은, 그녀를 쳐다보는 사람은 누구든 즉시 돌로 변해 버린다는 것이었습니다.

흰 날개가 달린 말

메두사와 그녀의 두 여동생을 괴물로 만든 것은 전쟁과 지혜의 여신 아테나였습니다. 그런 아테나가 이제는 페르세우스에게 도움을 주었습니다. 아테나는 마법의 날개가 달린 신발, 낫, 투명 투구와 함께 반짝이는 청동 방패를 페르세우스에게 주면서 충고도 잊지 않았습니다. "메두사의 얼굴을 직접 봐서는 안 돼. 오로지 이 방패에 비친 모습으로만 봐야 해."

이리하여 페르세우스는 배를 타고 서쪽 바다를 가로질러 땅 세계의 맨 가장자리에 있는 지하 세계의 문을 향해 다가갔습니다. 지하 세계로 이어지는 땅의 틈새에서는 유황과 용암이 뿜어져 나와 코를 찌르는 악취가 공기 중에 자욱했습니다. 사방에는 이곳을 찾아온 겁에 질린 사람들의 시신들이 조각상처럼 얼어붙은 채 서 있었습니다. 이 끔찍한 곳에서 그는 메두사의 은신처를 마침내 찾아냈습니다.

페르세우스는 메두사와 그 자매들이 잠들 때까지 기다렸습니다. 날개 달린 신발을 신고 메두사 머리 위를 맴돌던 그는 괴물의 반사된 모습을 보기 위해 아테나 여신의 방패를 들어 올려 조심스럽게 그녀에게 조준했습니다. 그런 다음 번개처럼 빠르게 낫을 휘둘러 메두사의 목을 베었습니다.

메두사의 자매들은 분노에 휩싸여 벌떡 일어났습니다. 하지만 마법 투구를 쓴 페르세우스는 섬뜩한 선물을 들고 들키지 않은 채 그곳을 무사히 빠져나왔습니다. 이때 메두사가 흘린 피에서는 두 마법의 존재가 나타났습니다. 하나는 손에 금빛 칼을 든 전사 크리사오르였고, 다른 하나는 눈처럼 흘러내리는 갈기를 지닌 빛이 나는 흰 말 페가수스였습니다.

깃털 달린 날개를 펼쳐 하늘을 활보하는 페가수스는 절대로 비틀거리거나 지칠 줄 몰랐습니다. 한 번은 헬리콘산 정상에 내려앉아 발을 땅에 굴러 샘물을 솟아오르게 했습니다. 이 샘물에서 음악과 시의 여신인 아홉 뮤즈가 탄생했습니다. 이들이 노래를 부르기 시작하자 주변을 가득 채운 그 소리가 너무도 아름다워서 땅, 바다, 하늘이 모두 한순간 얼어붙은 듯 정지됐습니다. 심지어 강력한 헬리콘산마저도 공중으로 붕 떠올랐다가 페가수스가 그것을 발뒤꿈치로 차 땅으로 다시 내려 보낼 정도였습니다.

키메라는 몸통의 일부가 사자, 염소, 뱀인 아주 무시무시한 괴물이었습니다. 여러 해 동안

흰 날개가 달린 말

리키아 지역은 큰 화염을 내뿜어 온 땅에 불을 지르는 이 괴물로 인해 공포에 떨었습니다.

절망에 빠진 왕은 이 괴물을 죽이고자 영웅 벨레로폰을 보냈습니다. 키메라에게 가까이 다가갔다가 무사히 살아난 사람은 아무도 없었습니다. 이때 다시 한 번 아테나 여신이 나서서 도와주었습니다. 그녀는 반짝이는 황금색 고삐를 들고 벨레로폰의 꿈속에 나타났습니다. 잠에서 깬 벨레로폰은 자신의 손에 재갈이 쥐여 있는 것을 발견하고 깜짝 놀랐습니다.

벨레로폰은 페가수스를 뒤쫓아 산기슭으로 내려가 고삐를 말 머리에 씌우고 말 등에 뛰어올랐습니다. 그런 다음 조용히 속삭이자 페가수스가 부드럽고 흰 날개를 활짝 펴고 발굽으로 구름을 가르며 공중으로 솟아올랐습니다.

벨레로폰은 페가수스를 타고 하늘을 가로질러 키메라가 사는 동굴로 날아갔습니다. 페가수스는 그 괴물을 보자마자 재빨리 덤벼들었고, 벨레로폰은 괴물의 목구멍에 창을 꽂았습니다. 키메라는 그렇게 죽었습니다.

리키아의 왕은 감사의 표시로 벨레로폰에게 명예를 내리고 선물을 주었습니다. 하지만 모든 것이 순조롭게 풀리지는 않았습니다. 명성이 높아진 벨레로폰은 지나치게 거만해진 나머지 자신이 신과 동등하다고 생각하게 되었습니다.

그러던 어느 날 벨레로폰은 페가수스에게 황금 고삐를 채우고 인간의 접근이 허용되지 않는 신들의 집인 올림포스산으로 날아갔습니다. 제우스는 그런 벨레로폰에게 몹시 화가 나서 따끔하게 혼을 내 줘야겠다고 결심했습니다.

제우스는 윙윙거리는 파리를 페가수스에게 보내 머리 주변에서 맴돌게 했습니다. 이에 페가수스는 미칠 지경이 되었습니다. 페가수스가 뒷발로 일어서자 벨레로폰은 말 등에서 떨어져 땅의 가시덤불 속으로 내동댕이쳐지며 비참한 최후를 맞았습니다.

흰 날개가 달린 페가수스는 올림포스산을 계속 돌아다니다가 제우스의 천상 평원에서 살게 되었습니다. 그리고 신들의 왕인 제우스의 우레를 가지고 다니며 그를 충실히 섬겼습니다. 결국 제우스는 페가수스의 충성에 보답하기 위해 그를 하늘에서 가장 큰 별자리 중 하나로 만들어 주었습니다. 전설에 따르면 페가수스가 별들 사이에서 자리를 잡던 날, 새하얀 깃털 하나가 땅으로 부드럽게 날아 내려왔다고 합니다.

양자리

황금 털을 지닌 양
고대 그리스 신화의 비밀

고요한 밤하늘을 가만히 바라보고 있노라면 길고 굽은 뿔이 달린 양 모양의 별자리를 이루는 밝은 별 세 개가 보입니다. 수백 년 전 사람들은 이 별들을 가리키며 이를 찾기 위해 바다를 여행한 마법의 양과 위대한 영웅들의 이야기를 들려주었습니다.

오래전 아타마스 왕은 아내인 구름의 여신 네펠레와 함께 그리스 중심부에 있는 보이오티아 왕국을 통치했습니다. 이들 부부는 프릭소스와 헬레라는 두 아이를 낳았지만, 이들의 결혼 생활은 그리 행복하지 않았습니다. 결국 아타마스 왕은 테베의 공주 이노와 사랑에 빠져 네펠레를 버리고 이노와 결혼을 했습니다. 애석하게도 질투심 많은 이노는 두 의붓자식을 싫어해 이 아이들을 완전히 없애 버릴 계획을 세우며 하루하루를 보냈습니다.

어느 날 밤, 이노는 하인에게 곡물 창고에 불을 내라고 명령했습니다. 귀한 씨앗들은 불길에 모조리 타 땅에 심자마자 죽어 버렸고, 나라 전역에서는 수확이 실패로 끝났습니다. 이에 절망에 빠진 사람들은 아타마스 왕에게 도움을 청했습니다.

아타마스 왕은 급히 델피 신전에 사신을 보내 사제에게 신의 말을 듣고 전해 달라고 부

황금 털을 지닌 양

탁했습니다. 델피 신전은 아폴로 신이 사제들을 통해 인간들에게 전달할 말을 대신 받아 주는 곳이었습니다. 하지만 아타마스 왕과 백성들이 날마다 굶주림에 시달리며 걱정 속에서 회답을 기다리는 동안 사악한 이노는 계속해서 음모를 꾸몄습니다. 그녀는 전령이 델피 신전에서 돌아오는 길에 숨어 있다가 그에게 뇌물을 주고 왕에게 거짓을 전하게 했습니다. 이에 전령은 왕궁에 들어가 아타마스 왕에게 이렇게 말했습니다. "왕이시여, 아드님을 신들께 바쳐야 합니다. 그렇지 않으면 백성들은 굶어 죽게 됩니다."

　이 말을 들은 아타마스 왕은 깜짝 놀라 쓰디쓴 눈물을 흘렸습니다. 하지만 아폴로 신의 충고에 감히 의문을 제기하지는 못했습니다.

　다음 날 아침, 아타마스 왕은 무거운 마음으로 프릭소스를 데리고 왕궁이 내려다보이는 구름 덮인 라피스티움산의 꼭대기로 올라갔습니다. 프릭소스는 왕명을 받들어 무릎을 꿇었고, 아타마스 왕은 칼을 들고 신들에게 마지막 고뇌의 기도를 드렸습니다. 하지만 칼은 프릭소스의 목에 닿지 않았습니다. 아타마스 왕은 알지 못했지만, 네펠레가 하늘에서 자신의 아이들을 지켜보고 있었습니다. 칼날이 막 프릭소스의 목을 향해 떨어지기 시작할 때 그녀는 구름을 모아 황금빛 털에 웅장한 날개를 지닌 양을 만들어 냈습니다.

　프릭소스는 양의 등에 올라탄 후 누이인 헬레를 불러 등에 함께 탔습니다. 황금빛 털을 지닌 양은 동쪽으로 질주해 콜키스라는 먼 땅을 향해 날아갔습니다.

　그들의 이야기는 행복하게 끝나야 했습니다. 하지만 그들이 바다 위로 높이 날 때 헬레가 양의 비단결처럼 미끄러운 털을 놓치는 바람에 아래로 떨어져 부서지는 파도 속으로 빠지고 말았습니다. 프릭소스는 여동생을 잃은 슬픔을 뒤로하고 계속 콜키스를 향해 날아갔습니다. 그곳에 도착한 그는 감사를 표하고 여동생을 추모하기 위해 제우스에게 황금빛 털을 지닌 양을 바쳤습니다.

　프릭소스는 빛나는 양털을 아이에테스 왕에게 선물했습니다. 왕은 크게 기뻐하며 자신의 딸과 프릭소스를 결혼시켰습니다. 그래서 황금 양털은 아이에테스 왕의 가장 소중한 보물이 되었습니다. 그는 성대한 의식을 치르고 그것을 신성한 숲속에 우뚝 서 있는 오래된

황금 털을 지닌 양

참나무의 가지에 매달았습니다. 양털은 그곳에 오랫동안 걸려 있었고, 그러는 동안 그 명성은 널리널리 퍼졌습니다.

이 황금빛 양털 보물에 대한 소문이 그리스 지역에 전해졌을 때 이올코스의 펠리아스 왕은 이 보물을 차지할 계획을 세우기 시작했습니다. 하지만 그는 정당한 왕이 아니었습니다. 그는 예전에 형인 이손에게서 왕위를 빼앗고 이손과 그의 아들 제이슨을 내쫓았습니다. 이후 자신의 악행 때문에 잠자는 시간을 제외하고 내내 괴로워하던 그는 사제에게 조언을 구하기로 했습니다. "신발을 한 짝만 신은 사람을 조심하시오." 사제가 펠리아스 왕에게 불길하게 경고했습니다. 이후 펠리아스 왕은 이 경고를 잊고 지냈습니다.

몇 년 후 바다의 신 포세이돈을 기리는 경기를 개최하게 되었습니다. 멀리서 온 선수들과 수많은 관중이 경기장에 도착했는데, 이들 중에는 제이슨도 있었습니다. 그는 자신이 정당한 왕위 계승자라고 주장했습니다.

펠리아스 왕은 자신의 조카를 즉시 알아보았습니다. 그가 신발을 한 짝만 신고 있었기 때문입니다. 그는 한 노파를 도와 강을 건너다가 그만 신발 한 짝을 잃어버린 것이었습니다. 그제야 사제가 경고했던 말이 기억난 펠리아스 왕은 제이슨에게 한 가지 조건을 들어주면 왕위를 돌려주겠다고 약속했습니다. 바로 콜키스로 가서 전설 속의 황금빛 양털을 가져와야 한다는 것이었습니다.

이후 몇 달 동안 지혜와 전쟁의 여신 아테나의 지도를 받으며 제이슨은 커다란 배를 만들기 시작했습니다. 이제껏 본 것 중 가장 훌륭한 배였습니다. '아르고'라는 이름이 붙여진 이 배는 신들이 선물한 반짝이는 목재로 제작되었고, 돛이 펄럭이고 있었으며, 양쪽에는 노들이 위풍당당하게 놓여 있었습니다.

배가 완성되자 제이슨은 헤라클레스, 벨레로폰, 오르페우스 등 그리스의 가장 위대한 영웅들을 선원으로 뽑았습니다. 강력한 아르고 탐험대가 탄생한 순간이었습니다. 마침내 제이슨과 그가 이끄는 아르고 탐험대는 콜키스로 항해를 시작했습니다. 가장 어렵고도 위험한 항해였습니다.

많은 장애물이 그들의 여정에 놓여 있었지만, 결국 그들은 피네우스 왕의 궁전에 도착했

황금 털을 지닌 양

습니다. 그들은 나이 든 현명한 왕에게 앞으로 벌어질 일에 대한 조언을 구했습니다. 피네우스 왕은 엄숙하게 그들에게 콜키스로 가는 길을 알려 주며 말했습니다. "먼저 그대들의 도움이 필요하오. 내 왕국은 여자 머리를 가진 괴물 새들인 하피들 때문에 공포에 휩싸여 있소. 이들은 내 백성들의 음식을 빼앗고 그들의 눈을 쪼아 먹는다오. 이들이 기근과 죽음을 불러와 이 왕국을 멸망시킬 것이오."

피네우스 왕의 이야기가 끝나자마자 하피 떼가 아르고 탐험대를 덮쳐 분노의 괴성을 지르고 그들을 할퀴었습니다. 하지만 하피들은 아르고 탐험대의 적수가 되지 못하고 바다 멀리 쫓겨났습니다. 피네우스 왕은 고마운 마음에 약속을 지켰습니다. "콜키스에 도착하려면 먼저 심플레가데스의 거대한 회색 바위 사이를 통과해야 하오. 이 운명을 피하려면 비둘기 한 마리를 날려 보내 그들을 속이고 바위가 닫히게 해야 하오. 또 그 바위가 다시 열리면 그대들은 바위가 닫히기 전에 전력을 다해 노를 저어야 하오."

아르고호가 거대한 바위로 다가갔을 때 제이슨은 왕이 알려 준 대로 비둘기를 날려 앞서 나가게 했습니다. 비둘기는 꼬리 깃털 몇 개가 빠진 것 말고는 안전하게 바위 사이를 통과했고, 아르고 원정대는 노를 꽉 쥐고 부지런히 저어서 비둘기를 뒤따랐습니다.

몇 주, 몇 달이 흘러 마침내 아르고호는 콜키스에 도착했습니다. 제이슨은 아이에테스 왕에게로 갔습니다. 아이에테스 왕은 제이슨의 이야기를 참을성 있게 다 들어 주었습니다. 하지만 자신의 소중한 양털을 포기할 생각은 눈곱만큼도 없었습니다. 그는 제이슨에게 양털을 가져가려면 세 가지 과제를 수행해 그 자격을 입증해야 한다고 말했습니다.

왕위를 되찾겠다는 제이슨의 꿈은 멀어지는 듯했습니다. 그때 다시 한 번 신들이 그에게 도움의 손길을 뻗었습니다. 신들은 왕의 딸이자 마녀인 메데아가 제이슨과 사랑에 빠지게 해 그녀가 마법의 힘을 부려 그를 돕게 만들었습니다.

제이슨이 수행해야 할 첫 번째 과제는 불을 내뿜는 황소 한 쌍을 몰고 밭을 가는 일이었습니다. 황소들은 쿵쿵대는 콧소리와 함께 불꽃을 튀기고 연기를 내뿜으며 그에게 돌진했습니다. 제이슨은 하마터면 천둥 치는 소리를 내는 황소의 발에 짓밟힐 뻔했습니다. 그는 메데아에게 받은 마법의 물약을 마시고 황소들의 거친 숨결로부터 몸을 보호하며 사력을

황금 털을 지닌 양

다해 황소들과 맞섰습니다. 그리고 마침내 그 끔찍한 짐승들을 길들이는 데 성공했습니다. 제이슨의 두 번째 과제는 새로 쟁기질한 흙에 용의 이빨을 뿌리는 일이었습니다. 햇볕이 내리쬐자 씨앗들은 바로 흙을 뚫고 나와 싹을 틔웠고, 곧 전투력이 왕성한 강한 전사들로 자라났습니다. 제이슨은 많은 부하를 거느린 막강한 적을 만난 것 같았습니다. 하지만 그는 포기를 모르는 사람이었습니다. 주위를 두리번거리다 발 근처에 놓인 돌멩이 하나를 발견한 제이슨은 그 돌멩이를 주워 전사들의 정중앙에 던졌습니다. 그 돌멩이가 어디서 날아왔는지 깨닫지 못한 전사들은 서로를 의심스러운 눈으로 쳐다보다가 마침내 자기들끼리 마구 싸우기 시작했습니다.

황금 털을 지닌 양

제이슨은 그 틈을 타 재빨리 도망쳤습니다. 이것만으로도 제이슨은 이미 충분히 용기를 증명하고도 남았지만, 세 번째이자 더 끔찍한 과제가 그를 기다리고 있었습니다. 그것은 신성한 떡갈나무 숲에서 황금 양털을 훔쳐 오는 일이었습니다. 이는 결코 쉬운 일이 아니었습니다. 절대로 잠을 자지 않는 용이 밤낮으로 그 양털을 지키고 있었기 때문입니다. 나무 줄기를 휘감고 있는 독사처럼 그 용은 경계를 게을리하지 않으며 지치지도 않고 양털 주변을 맴돌았습니다. 제이슨이 그 용의 허를 찌르기란 불가능해 보였습니다.

이때 메데아가 마법을 부려 제이슨에게 용을 물리칠 비법을 알려 주었습니다. 그것은 음악의 신인 오르페우스에게 마음을 달래는 자장가를 연주해 달라고 부탁하는 것이었습니다. 아니나 다를까, 그 야수는 아름답고 섬세한 음악 소리에 매혹되어 스르르 눈이 감기더니 잠이 들고 말았습니다.

마침내 제이슨은 황금 양털을 얻어 아르고호를 타고 다시 고향으로 향했습니다. 고향으로 돌아온 그는 왕위를 되찾고 메데아를 아내로 삼아 나라를 다스렸습니다. 그와 여정을 함께했던 아르고 원정대는 모험을 계속했습니다. 그리고 제이슨이 신뢰했던 아르고호는 오늘날까지도 별들 사이에서 자리를 잡고 하늘을 계속 항해하고 있습니다.

큰개자리와 작은개자리

개와 여우
고대 그리스 신화의 비밀

어둠이 깔리면 밤하늘을 가로질러 달려가는 크고 작은 두 짐승을 볼 수 있습니다. 하나는 큰 사냥개인 전설의 라엘랍스로, 항상 먹이를 쫓아다닙니다. 다른 하나는 작은 여우로 너무나 빨리 달리기 때문에 절대로 잡히지 않습니다.

라엘랍스의 이름은 강력한 폭풍의 이름에서 따온 것입니다. 라엘랍스는 굉장히 빨라서 어떤 동물이든 따라잡을 수 있었습니다. 인간이든 신이든, 세상의 모든 사냥꾼은 이 빠른 개를 갖고 싶어 했습니다. 하지만 이 개는 신들의 왕인 제우스의 소유였습니다. 후에 제우스는 이 개를 크레타의 여왕인 유로파에게 선물로 주었고, 유로파는 다시 아들인 미노스에게 주었습니다.

   어느 날 미노스와 그의 아내가 부부싸움을 벌인 뒤, 아내는 남편에게 심한 저주를 퍼부었습니다. 다행히 그는 프로크리스라는 이름을 가진 공주의 도움으로 저주에서 풀려났고, 보상으로 그녀에게 라엘랍스를 주었습니다. 또한 목표물을 절대로 피해 가지 않는 황금 창도 함께 주었습니다. 프로크리스는 사냥을 가장 좋아했기 때문에 그 후한 선물을 받고 더없이

기뻐했습니다.

몇 년 후, 프로크리스는 잘생긴 영웅이자 신의 아들인 케팔로스라는 남자와 결혼했습니다. 남편에게는 결혼 선물로 자신이 가장 소중하게 여기던 마법의 창과 사냥개를 주었습니다. 그리고 사냥을 하러 함께 숲으로 출발했습니다. 언제나 먹이를 놓치지 않는 개와 목표물을 피해 가지 않는 창으로 그들은 셀 수 없을 만큼 많은 사슴, 토끼, 멧돼지를 잡았습니다. 그런데 그때 비극이 일어났습니다.

케팔로스는 덤불 속에서 들려오는 시끄러운 소리에 위협을 느끼고 미노스의 빛나는 창을 던졌습니다. 그런데 그 창을 맞은 사람은 다름 아닌 자신이 사랑하는 아내 프로크리스였습니다. 그는 자신이 던진 창에 아내가 즉사하는 장면을 아무 말도 하지 못한 채 지켜보았습니다.

아내를 죽였다는 죄책감과 슬픔으로 인해 고통스러워하던 케팔로스는 여기저기 배회하다가 테베에 도착했습니다. 그곳에서 그는 마을을 폐허로 만들고, 농부들을 공격하고 양들을 잡아먹는 괴물 같은 여우의 이야기를 들었습니다. 많은 사람들이 여우를 사냥하려 했지만 아무도 성공하지 못했습니다. 케팔로스는 자신이 저지른 죄가 가벼워지기를 바라며 마을 사람들을 돕겠다고 맹세했습니다.

그는 마을의 사냥꾼들과 함께 들판에 미로를 만들고 올가미를 설치해 그 안에서 여우를

개와 여우

사냥하려고 했습니다. 하지만 이 교활한 짐승은 그 위로 껑충 뛰어오른 뒤 올가미를 밟아 망가뜨렸습니다.

사냥꾼들은 개들을 풀어 여우를 쫓게 했습니다. 하지만 이 여우는 잡힐 운명이 아니었습니다. 개들은 이리저리 질질 끌려 다니다가 추격을 포기하고 말았습니다. 그러는 동안 라엘랍스는 온 힘을 다해 목줄을 끌어당겼고, 이를 본 케팔로스는 라엘랍스를 풀어 주었습니다. 라엘랍스는 바람을 타고 화살보다 더 빨리 달리며 추격전을 펼쳤습니다. 가까운 언덕 꼭대기에 올라간 케팔로스는 자신의 개와 여우의 경주를 지켜보았습니다.

케팔로스는 라엘랍스가 여우를 잡아 내려올 것이라고 확신했습니다. 하지만 여우는 거의 잡힐 듯하다가도 용케 도망쳤습니다. 개는 더욱 빨리 달리며 여우를 따라갔고, 마침내 거의 잡은 것처럼 보였습니다. 하지만 라엘랍스가 입을 크게 벌리자 여우는 또 잽싸게 도망쳤습니다. 가련한 개는 허공만 물어뜯었습니다.

몇 날 며칠이 지났지만 끈질기게 쫓아가는 개와 결코 잡히지 않는 여우 사이의 경주는 도무지 끝날 기미가 보이지 않았습니다. 그러자 제우스는 지상에서 벌어지는 이 추격전을 끝내기 위해 개와 여우를 모두 돌로 만들어 버렸습니다. 그리고 이들을 하늘로 올려 별들 속에서 큰개자리와 작은개자리로 만들었습니다.

큰곰자리와 작은곰자리

칼리스토와 아르카스

고대 그리스 신화의 비밀

북쪽 밤하늘에는 커다란 곰이 큰곰자리에 당당하게 자리를 잡고 있습니다. 모든 별자리 중에서 가장 큰 별자리인 이 어미 곰이 새끼 곰이 있는 작은곰자리를 지켜보고 있습니다. 이 두 곰은 헤어져 살다가 온갖 역경을 딛고 다시 만났습니다. 어미 곰은 이제 절대로 새끼 곰에게서 눈을 떼지 않습니다.

★ ★ ★

옛날에 칼리스토라는 아름다운 숲의 요정이 있었습니다. 사냥의 여신인 위대한 아르테미스를 섬기는 요정이었습니다. 칼리스토는 아르테미스와 똑같은 흰옷을 입고 그녀를 따라 숲속을 거닐거나, 늘 활을 들고 먼 곳으로 야생동물을 찾아다녔습니다.

어느 날 강력한 제우스는 칼리스토가 숲속 그늘에서 쉬고 있는 것을 보았습니다. 칼리스토의 힘과 은혜에 감동한 제우스는 그녀와 사랑에 빠졌습니다. 이윽고 칼리스토는 아르카스라는 사내아이를 낳았습니다. 하지만 사랑에 빠지는 것은 아르테미스가 정한 규칙에 어긋나는 일이었습니다. 그래서 칼리스토는 숲속에서 외톨이가 되어 혼자 살아갈 수밖에 없었습니다.

이 일을 알게 된 제우스의 아내 헤라 여신은 질투가 끓어오르고 분노가 한없이 치밀었습

칼리스토와 아르카스

니다. 복수심에 사로잡힌 헤라 여신은 칼리스토의 모습을 흉측하게 바꾸어 제우스가 더 이상 그녀를 사랑하지 못하게 만들기로 결심했습니다.

숲속을 뒤지던 헤라 여신은 칼리스토를 붙잡아 땅에 내동댕이쳤습니다. 칼리스토가 용서를 구하며 손을 내밀자 그녀의 피부에서는 뻣뻣한 검은 털이 돋아나기 시작했습니다. 그녀의 섬세한 손과 발은 크고 날카로운 발톱으로 변했고, 아름다운 얼굴은 입이 큰 곰 얼굴이 되었습니다. 도움을 청하기 위해 입을 벌리자 목소리는 거친 울부짖음으로 바뀌었습니다.

곰으로 변한 칼리스토는 15년 동안 숲속을 돌아다녔습니다. 한때 사냥꾼이었던 그녀는 이제 사냥을 당하는 신세가 되어 두려움에 도망을 다녔습니다.

어느 날 아침, 칼리스토는 사냥꾼들이 다가오는 익숙한 소리를 들었습니다. 그들은 나뭇가지에 그물을 매어 나무 사이의 틈새를 막고 있었습니다. 칼리스토는 그들이 놓은 덫에 걸리고 말았습니다.

그때 한 청년이 자신에게 화살을 겨누고 있는 것이 보였습니다. 칼리스토는 그가 자신의 아들 아르카스임을 알아챘습니다. 너무나 반가운 나머지 그녀는 아들의 이름을 부르며 가까이 다가갔습니다. 하지만 아르카스에게 보이는 것은 마치 공격이라도 하려는 듯 달려드는 거대한 곰 한 마리뿐이었습니다. 그는 자신의 엄마인 줄도 모르고 겁에 질린 채 유리처럼 맑은 눈을 가진 가엾은 곰을 화살로 쏘려고 했습니다.

그때 하늘에서 이를 지켜보던 제우스가 끼어들었습니다. 아르카스가 화살을 손에서 놓으려고 할 때 제우스는 그를 새끼 곰으로 바꾸어 버렸습니다. 엄마인 곰의 울음소리를 알아듣게 하기 위해서였습니다. 그런 다음 그들의 꼬리를 양손으로 잡고 하늘 높이 던졌습니다. 이렇게 해서 칼리스토는 큰곰자리, 아르카스는 작은곰자리가 되었고 두 모자는 별들 사이에서 평화롭게 살아가게 되었습니다.

헤라클레스자리

헤라클레스의 모험
고대 그리스 신화의 비밀

별들 사이에는 강인한 손에 몽둥이를 들고 무릎을 꿇고 앉아 있는, 그리스 영웅 중에서도 가장 위대한 헤라클레스가 빛나고 있습니다. 큰 몸집에 초인적인 힘을 가진 그는 모험을 통해 온갖 불가능한 역경을 이겨 냈습니다. 그리고 아버지인 제우스가 그를 하늘로 올려 별자리로 만들었습니다.

반은 사람이며, 반은 신인 헤라클레스는 신들의 왕 제우스와 지혜롭고 아름다운 인간 알크메네의 아들로 태어났습니다. 제우스의 아내 헤라 여신은 두 사람의 사이를 몹시 질투했고, 헤라클레스가 태어난 순간부터 저주를 퍼붓기 시작했습니다. 세월이 흘러 제우스는 아들의 힘과 용기를 자랑스럽게 여기게 되었습니다. 반면 질투심에 사로잡힌 헤라 여신은 헤라클레스를 비참한 삶에 빠뜨릴 계획이었습니다. 헤라 여신은 틈만 나면 헤라클레스를 죽이려 했습니다. 한 번은 거대한 뱀 한 쌍을 그가 누워 있는 요람으로 보내 공격을 하게 만들었습니다. 하지만 아기 헤라클레스는 침착하게 맨손으로 뱀들을 붙잡아 차례로 목 졸라 죽였습니다.

무럭무럭 자라나 늠름한 청년이 된 헤라클레스는 테베 왕의 딸 메가라와 결혼해 사랑스

헤라클레스의 모험

러운 두 아이의 아버지가 되었습니다. 하지만 헤라 여신은 여전히 그에게 복수할 기회를 엿보았습니다. 헤라 여신은 주문과 주술을 동원해 헤라클레스에게 저주를 걸어 미치도록 만들었습니다. 머리가 이상해진 헤라클레스는 사랑하는 아내와 아이들을 죽이고 말았습니다.

정신을 차린 헤라클레스는 자신이 저지른 끔찍한 행동에 소스라치게 놀랐습니다. 슬픔과 절망에 빠진 그는 어떻게 자신의 잘못을 용서받을 수 있을지 아폴론 신에게 물어보기 위해 신전으로 향했습니다. 아폴론이 말했습니다. "미케네의 왕 에우리스테우스를 찾아가라. 그곳에서 10년 동안 그의 신하로 지내며 그가 명령하는 모든 것을 다 수행해야 한다. 그러면 네 죄의 대가를 전부 치르게 될 것이다."

헤라클레스는 자신의 운명을 쥐고 있는 에우리스테우스 왕을 만나러 미케네로 갔습니다. 하지만 불행하게도 왕은 미리 헤라 여신의 사주를 받고 헤라클레스에게 열 가지의 일을 하게 하는 벌을 내렸습니다. 헤라클레스가 그 일을 모두 해내기는 불가능해 보였습니다. 만약 열 가지 일을 모두 마친다면 그는 아내와 자식들을 죽인 죄책감에서 해방될 것이었습니다. 하지만 실패한다면 평화도, 안식도 모르고 영원히 고통을 받으며 살아야 할 운명이었습니다. 그래서 그는 자신이 아는 세계의 모든 지역을 찾아가는 특별한 여행을 시작했습니다.

먼저 에우리스테우스 왕은 헤라클레스를 네메아로 보내 사람이든 가축이든, 닥치는 대로 잡아먹는 공포 그 자체인 괴물 사자를 죽이라고 말했습니다. 이 괴물 사자는 보통의 사자보다 몸집이 두 배나 컸고, 가죽은 너무 질겨 어떤 무기도 그것을 뚫어 본 적이 없었습니다. 헤라클레스는 맨손으로 사자를 목 졸라 죽인 다음 그 짐승의 발톱으로 가죽을 잘라냈습니다. 나중에 제우스는 이 괴물 사자를 하늘로 올려 사자자리를 만들었습니다.

다음으로 헤라클레스는 어떤 무기도 뚫을 수 없는 사자 가죽을 망토로 두르고 아르고리스에 있는 레르나 늪으로 향했습니다. 그곳에는 머리가 아홉인 무서운 독사 히드라가 살고 있었습니다. 이 괴물은 밤마다 사람들을 잡아먹었습니다. 헤라클레스가 머리 하나를 잘라내자 곧 다른 두 개의 머리가 생겨났습니다. 헤라클레스는 동행한 조카 이올라우스의 도움을 받아 피투성이가 된 목의 잘린 면을 일일이 횃불로 지졌습니다. 그제야 잘린 목에서 새로운 머리가 자라나지 않게 되었습니다. 하나 남은 히드라의 머리는 영원히 죽지 않는 머리였습니다.

헤라클레스의 모험

헤라클레스는 온 힘을 다해 그 머리를 베고 땅에 묻은 다음 커다란 바위로 눌러 꼼짝 못 하게 만들었습니다. 헤라 여신은 화가 났지만 어쩔 수 없었습니다. 그녀는 히드라를 하늘로 올려 보내 별들 사이에서 바다뱀자리로 만들어 영원히 살도록 해 주었습니다.

에우리스테우스 왕이 헤라클레스에게 내린 세 번째 명령은 황금 뿔과 황금 발톱을 지닌 거대한 암사슴을 잡아 오라는 것이었습니다. 그 사슴은 화살보다 빨리 달릴 수 있는 짐승이었습니다. 헤라클레스는 1년 내내 쫓아다닌 끝에 간신히 그 사슴을 그물로 붙잡았습니다.

네 번째 명령은 무시무시한 엄니를 지닌 멧돼지를 산 채로 잡아 오는 일이었습니다. 헤라클레스는 그리스를 통틀어 가장 큰 이 멧돼지를 쫓아 에리만도스산 꼭대기까지 올라갔습니다. 그곳에서 지칠 대로 지친 멧돼지를 깊은 눈더미로 몰아넣은 후 마침내 산 채로 잡았습니다.

헤라클레스는 이어서 다섯 번째 명령인 엘리스의 아우게아스 왕의 외양간을 청소하러 갔습니다. 왕국에서 가장 훌륭한 수백 마리의 소들이 사는 이 외양간은 무려 30년 동안 청소가 되지 않은 상태로 몹시 더러웠습니다.

아우게아스 왕은 외양간 청소를 단 하루 만에 끝내 준다면 가진 소의 10분의 1을 주겠다고 약속했습니다. 헤라클레스는 근처에 있는 두 개의 강을 외양간으로 끌어오기 위해 수로를 팠습니다. 그러자 강물이 외양간의 오물을 모조리 씻어 냈습니다. 하지만 비겁한 아우게아스 왕은 소를 주겠다던 약속을 지키지 않았습니다. 헤라클레스는 훗날 군사를 이끌고 엘리스를 공격해 그를 죽여 버렸습니다.

헤라클레스는 계속해서 여섯 번째 명령을 수행하기 위해 악취가 나는 스팀팔리아 호수를 찾았습니다. 알카디아 북쪽에 있는 이 호수에는 강철로 된 발톱, 청동 부리, 그리고 먹잇감을 향해 화살처럼 날리는 날카로운 금속 깃털을 지닌 식인 새들이 떼를 지어 살고 있었습니다. 이 새들은 사람을 잡아먹고, 농작물을 파괴했으며, 배설물로 땅을 오염시켰습니다. 헤라클레스는 굴하지 않고 새들을 향해 다가갔지만 땅이 너무 질어 진창에서 옴짝달싹 못 하게 되었습니다. 그때 아테나 여신이 나타나 헤라클레스에게 새를 물리칠 수 있는 청동 방울 두 개를 건네주었습니다. 그가 방울을 흔들자, 그 소리를 들은 수만 마리의 새 떼가 일제히 하늘로 날아올랐습니다. 헤라클레스는 새 떼를 향해 히드라의 독이 묻은 화살을 쏘았습니다.

헤라클레스의 모험

잠시 후 새들은 우왕좌왕하다가 어디론가 도망쳐 버렸습니다. 그 후로 늪 근처에 다시는 얼씬도 하지 않았습니다.

헤라클레스는 이후에도 여섯 가지 명령을 차례로 수행했습니다. 크레타섬에서는 맹렬한 기세로 달려드는 끔찍한 황소를 사로잡았고, 트로키아에서는 사람을 먹는 야생마를 산 채로 잡았습니다. 이어서 아마존으로 가서 강력한 여전사들을 물리치고 그들을 다스리는 여왕의 마법의 허리띠를 훔쳐 냈습니다. 그런 다음 에리디아섬으로 건너가 메두사가 목이 잘려 죽을 때 흘린 핏방울에서 탄생한 거인 크리사올의 아들이자 머리가 셋 달린 괴물 게리오네우스를 화살로 쏘아 죽이고 그가 기르는 황소를 그리스로 가지고 돌아왔습니다.

온갖 역경을 이기고 열 개의 명령을 모두 완수한 헤라클레스는 에우리스테우스 왕에게 돌아와 용서를 빌었습니다. 하지만 비겁한 왕은 여전히 약속을 지키려고 하지 않았습니다. 왕이 말했습니다. "너는 나를 속였다. 히드라를 죽일 때에는 네 조카인 이올라우스의 도움을 받았고, 외양간을 청소하면서 따로 돈도 받았다."

에우리스테우스 왕은 벌로 헤라클레스에게 훨씬 위험한 두 가지 명령을 더 내렸습니다. 열한 번째 명령은 헤라 여신의 산 중턱 정원에서 자라는 사과나무에서 황금 열매를 따 오라는 것이었습니다. 이 나무는 몸통을 뒤틀어 똬리를 틀고 있는 백발의 용이 지키고 있었습니다. 이 괴물에게 가까이 갈 수 있는 사람은 두 어깨에 하늘을 영원히 떠받치는 벌을 받고 있는 거인 아틀라스뿐이었습니다. 헤라클레스는 아틀라스에게 사과를 가져다주면 그동안 하늘을 대신 떠받치고 있겠다고 말했습니다. 하지만 황금 사과를 가지고 돌아온 아틀라스는 하늘을 다시 떠받치려 하지 않았습니다. 헤라클레스는 재빨리 머리를 굴렸습니다. "내가 당신 대신 계속 하늘을 떠받치겠소. 대신 외투를 고쳐 입게 잠깐만 하늘을 맡아 주시오." 그 말을 들은 아틀라스가 하늘을 다시 어깨에 짊어지자 헤라클레스는 재빨리 황금 사과를 가지고 도망쳤습니다.

에우리스테우스 왕은 열두 번째이자 마지막 명령으로 지하 세계 깊숙한 곳에 내려가 머리가 세 개인 저승의 문을 지키는 개 켈베로스를 잡아 오라고 말했습니다. 이 지옥의 개는 죽은 자의 땅으로 향하는 문을 지키고 길 잃은 영혼들이 지옥을 떠나는 것을 막는 일을 했습

헤라클레스의 모험

니다. 죽은 자의 신 하데스는 헤라클레스가 무기를 사용하지 않는 조건으로 이 개를 데려갈 수 있도록 허락했습니다. 헤라클레스는 사자 가죽으로 몸을 가리고 에우리스테우스의 궁전까지 개를 끌고 갔습니다.

헤라클레스가 열두 개의 명령을 모두 해내자 에우리스테우스 왕은 격분했습니다. 헤라클레스가 살아 돌아오지 못할 것이라는 예상이 보기 좋게 빗나갔기 때문이었습니다. 하지만 이번에도 약속을 어길 수는 없는 노릇이었습니다. 그는 마지못해 헤라클레스를 끔찍한 죄책감에서 벗어나게 해 주고 다시 자유인으로 만들었습니다.

헤라클레스는 자신이 구해 낸 데자니라는 여인을 아내로 맞아 행복하게 살았습니다. 하지만 그의 사랑이 식었다고 오해한 데자니는 헤라클레스에게 히드라의 독이 묻은 옷을 입혔습니다. 자신이 죽을 때가 된 것을 깨달은 헤라클레스는 항상 가지고 다니던 몽둥이를 들고 사자 가죽을 입은 채 장작불 속으로 뛰어들었습니다. 이를 본 제우스 신은 영웅 헤라클레스를 하늘로 올려 영원한 생명을 허락했습니다. 그는 올림포스산에서 아버지인 제우스와 함께 지내다가 다시 북쪽 하늘로 올라가 가장 위대한 별들 사이에 자리를 잡고 영원히 빛나고 있습니다. 이것이 헤라클레스자리입니다.

안드로메다

안드로메다와 바다 괴물
고대 그리스 신화의 비밀

저녁이 되면 사슬에 묶인 아름다운 소녀 모양의 별 무리가 하늘을 가로질러 뻗어 있는 것이 보입니다. 그녀는 안드로메다 공주입니다. 그 곁에서 바다 괴물 케투스가 숨어 그녀를 위협하고 있습니다. 안드로메다 공주가 이 괴물에게 제물로 바쳐졌을 때, 영웅 페르세우스가 나타나 그녀의 목숨을 구했고 공주는 그와 결혼을 했습니다.

에티오피아의 세페우스 왕과 카시오페이아 왕비의 딸인 안드로메다는 아름답기로 유명했습니다. 왕은 딸을 애지중지하면서도 그냥 지켜볼 뿐이었지만, 허영심 강한 왕비는 딸에 대한 자랑을 늘어놓기 좋아했습니다. 어느 날 왕비는 주변 사람들에게 안드로메다가 바다의 신 포세이돈의 딸들, 붉은 산호 왕관을 쓰고 흰 예복을 입은 바다 요정 네레이즈들보다 더 아름다울 것이라고 말했습니다.

　포세이돈은 카시오페이아 왕비의 이 시건방진 말을 듣고 분노가 치밀었습니다. 그는 왕비를 벌주기 위해 커다란 입과 은빛 비늘로 뒤덮인 차갑고 끔찍한 바다 괴물 케투스를 불렀습니다. 포세이돈의 명령을 받은 케투스는 에티오피아에 파도를 일으켜 해안을 파괴하고,

안드로메다와 바다 괴물

홍수를 일으켜 육지를 파괴했습니다. 절망에 빠지고 겁에 질린 백성들은 왕에게 달려가 도움을 청했습니다. 세페우스 왕은 아폴론 신전을 찾아가 올림포스의 신들에게 자신을 인도해 달라고 간청했습니다.

신전의 사제가 말했습니다. "네 딸 안드로메다 공주를 케투스에게 바쳐라. 그것 말고는 네 왕국을 구할 다른 방법이 없다." 이 말을 들은 세페우스 왕은 크게 상심했지만 달리 선택의 여지가 없었습니다. 하는 수 없이 그는 사제의 조언을 따랐습니다. 카시오페이아 왕비는 그제야 자신의 잘못을 뉘우쳤지만 이미 돌이킬 수 없었습니다.

안드로메다는 바닷속 바위에 몸이 묶였습니다. 왕은 죽음을 앞두고 조용히 울고 있는 공주를 뒤로하고 그곳을 떠나려고 했습니다. 바로 그 순간, 신들의 선물인 날개 달린 신발을 신고 하늘을 날고 있던 위대한 영웅 페르세우스가 나타났습니다. 메두사를 죽인 후 집으로 돌아가던 중 대리석 조각상처럼 가만히 있는 안드로메다의 부드러운 머리카락이 바람결에 흔들리는 것을 보고 내려온 것이었습니다.

페르세우스는 그녀의 아름다움에 반해 이름을 물었습니다. 하지만 안드로메다는 너무 두려워 아무 말도 할 수 없었습니다. 그저 두 눈에 눈물이 넘쳐흐를 뿐이었습니다. 그러다 결국 페르세우스에게 자신의 안타까운 처지를 들려주었습니다. 그녀가 말을 채 끝내기 전에 음침한 회색 머리와 빛나는 목덜미가 바닷속에서 솟구치더니 파도가 거대한 배처럼 밀려들었습니다.

안드로메다의 비명이 울려 퍼지자 페르세우스는 자신의 검을 움켜쥐고 바위에 딱 달라

안드로메다와 바다 괴물

붙어 있는 그녀의 부모를 불렀습니다. "당신들의 딸을 나와 결혼시켜 주시오. 그러면 내가 저 괴물에게서 딸을 구해 주겠소."

그때쯤 바다 괴물은 아주 가까이 다가와 있었습니다. 안드로메다는 괴물의 더럽고 썩은 내 나는 숨결을 느낄 수 있었습니다. 페르세우스는 주저하지 않고 케투스를 향해 달려들었습니다. 그의 칼은 괴물의 비늘을 뚫고 살 속 깊이 박혔습니다. 케투스는 귀청이 터질 것 같은 비명을 지르며 다친 몸을 일으키더니 몸을 뒤틀며 페르세우스를 물어뜯으려고 달려들었습니다.

페르세우스는 계속해서 괴물의 위협적인 입을 재빨리 피해 날아다니며 공격을 가했습니다. 케투스가 피투성이가 된 채 지쳐 있을 때, 페르세우스는 칼을 휘둘러 마지막 일격을 가했습니다. 마침내 케투스는 쓰러져 깊은 바닷속으로 가라앉았고 다시는 모습을 드러내지 않았습니다.

구사일생으로 살아난 안드로메다와 페르세우스는 기뻐하며 결혼식을 올리게 되었습니다. 음악과 춤이 어우러진 멋진 잔치가 열렸습니다. 페르세우스가 괴물을 물리친 모험 이야기를 호기심에 가득 찬 손님들에게 들려주고 있을 때 갑자기 소동이 벌어졌습니다. 세페우스 왕의 동생인 피네우스가 찾아온 것이었습니다. 그는 허풍을 떨면서 페르세우스가 아닌 자신이 안드로메다의 약혼자라고 주장했습니다. 그러자 페르세우스는 메두사의 머리를 꺼내 들었고 그것을 정면으로 바라본 피네우스는 돌로 변해 버렸습니다.

이윽고 안드로메다는 왕과 왕비에게 작별을 고하고 페르세우스를 따라 그리스로 갔습니다. 그곳에서 그들은 많은 자녀를 낳고 행복하게 살며 오래오래 나라를 잘 다스렸습니다. 안드로메다와 페르세우스가 죽자 신들은 그들을 하늘의 별로 만들어 카시오페이아를 따라 밝게 빛나게 했습니다. 또한 끔찍한 바다 괴물 케투스와는 영원히 닿지 않게 해 주었습니다.

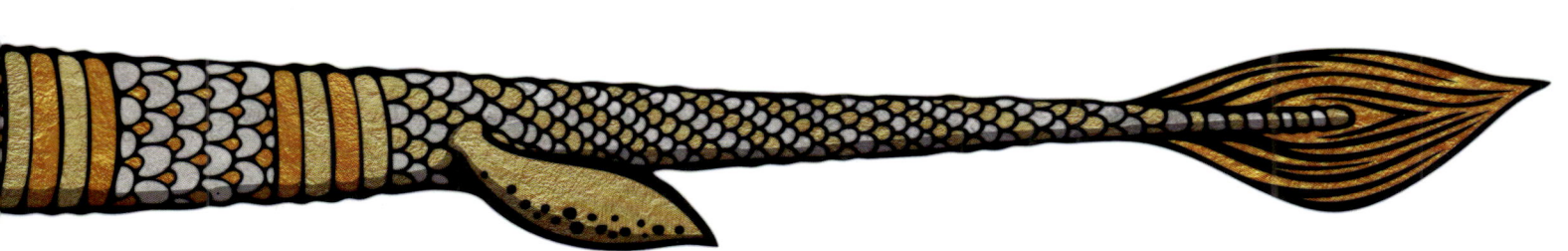

북극곰자리와 개자리(황소자리)

북극곰과 세 사냥꾼

이누이트족 전설의 비밀

시간이 시작된 이래로 북극 이누이트족의 사냥꾼들은 유령처럼 하얀 북극곰인 강력한 나누크를 경외하며 살았습니다. 이들은 사냥의 성공 여부를 결정하는 존재가 나누크라고 생각하고 곰의 영혼에 무기를 바치며 존경심을 나타냈습니다. 나누크는 낮이면 굳은살 박힌 발바닥으로 얼음 위를 건너는 것이 보이며, 밤이면 별들 사이에서 밝게 빛나며 하늘을 가로질러 추적자들을 앞장서 가는 것이 보입니다.

먼 옛날, 북쪽 지방에 사는 한 여인이 북극곰들과 함께 살기 위해 남편을 두고 집을 떠났습니다. 곰들은 그녀에게 친절히 대해 주었고 자신들이 사냥한 물개 고기를 먹였습니다. 하지만 계절이 바뀌고 1년이 지나자 여인은 외로움을 느꼈습니다. 가족과 옛 생활이 그리워진 그녀는 집으로 돌아가고 싶었습니다. 곰들은 내키지 않았지만 한 가지 조건을 걸며 그녀를 집에 보내 주기로 했습니다. 그것은 곰들과 함께 살았다는 것을 아무에게도 말해서는 안 되고, 곰들이 사는 곳에 대한 비밀도 절대로 발설해서는 안 된다는 것이었습니다. 여인은 엄숙하게 약속하고 즐겁게 집을 향해 출발했습니다.

북극곰과 세 사냥꾼

　한동안은 모든 일이 아무 문제 없이 순조롭게 돌아갔습니다. 그러던 어느 날 곰들은 사냥꾼들이 멀리서 개가 끄는 썰매를 타고 눈을 가로질러 질주하며 다가오는 무서운 광경을 목격했습니다. 여인이 약속을 어기고 죽음과 위험을 몰고 온 것이었습니다. 곰들이 사냥꾼들의 창을 피해 달아나자, 털이 엉클어진 다섯 마리의 노예 같은 개들이 추격을 해 왔습니다. 이때 곰들의 우두머리인 나누크는 얼음 위를 더욱 빠르게 뛰어다니다가 세상 끝으로 가서 하늘로 뛰어들었습니다. 곰들을 추적하던 개들도 그 뒤를 따랐습니다. 이렇게 해서 추격에 목마른 개들에게 둘러싸인 채 밝게 빛나는 '북금곰자리'가 만들어졌습니다. 이 빛나는 별들은 오늘날까지 보이고 있습니다.

해가 가고 달이 가고 많은 시간이 흐른 후, 네 명의 사냥꾼이 밤하늘에서 반짝이는 곰을 발견했습니다. 용감한 사냥꾼들은 곰에게 거의 닿을 때까지 기어올랐습니다. 그들은 속도를 높여 곰을 추격하며 창을 던질 준비를 했습니다. 그러다가 한 사냥꾼이 장갑을 떨어뜨리고 말았습니다. 장갑은 깊고 어두운 공간을 지나 저 아래쪽 땅으로 떨어졌습니다.

　장갑이 없어진 것을 깨달은 사냥꾼은 곰을 쫓는 세 친구를 남겨 두고 땅으로 내려갔습니다. 그래서 그는 땅으로 돌아온 유일한 사냥꾼이 되었습니다. 반면 다른 세 사냥꾼은 영원히 반짝이는 세 개의 별이 되어 하늘에 남았습니다.

　이누이트족은 오리온자리 허리띠에 있는 세 개의 별을 '사냥꾼자리'라고 부릅니다. 자세히 들여다보면, 이 별들 아래로 아이 별들이 아버지를 위해 따뜻한 순록 가죽으로 만든 옷을 들고 어두운 밤을 가로지르는 것을 볼 수 있습니다. 그러면 날이 점점 더 추워지는 것도 느낄 수 있습니다.

태양

할머니 거미와 태양
인디언 체로키족 전설의 비밀

태양과 태양이 날마다 하늘을 가로지르는 여행에 대해서는 많은 이야기가 전해지고 있습니다. 체로키족은 태양이 빛나기 전의 암흑 세상과 한 무리의 동물들이 어떻게 햇빛을 세상에 가져왔는지에 대한 이야기를 전해 주고 있습니다.

태초에 세상이 생겨났을 때 사방은 온통 어둠뿐이었습니다. 사람이나 동물이나 모두 힘들게 살았습니다. 날씨는 추웠고, 앞이 보이지 않아 끊임없이 서로 부딪치며 비참한 생활을 해야 했습니다. 어떤 조치가 필요했기에 깊은 숲속에서는 동물들이 한자리에 모였습니다. "태양이라는 게 있다고 들었어." 어둠 속에서 누군가 낮은 목소리로 으르렁거렸습니다. 곰이었습니다. "그것은 빛이 나고 따뜻하기도 하대. 지구 반대편에 보관되어 있는데 그것을 지키는 자들이 너무 탐욕스러워서 아무에게도 나누어 주지 않는다더군. 어떻게 한 조각만이라도 훔쳐 올 수 없을까?"

모든 동물들이 고개를 끄덕이며 좋은 생각이라고 맞장구를 쳤습니다. 하지만 누가 태양을 훔칠 수 있을까요? 누가 이런 대담한 일을 할 수 있을까요? 몇몇 용감한 동물들이 하나씩

할머니 거미와 태양

앞으로 나섰고, 다른 동물들은 숲속에 숨어서 이를 지켜보았습니다.

첫 번째로 나선 동물은 여우였습니다. 여우는 은은하고 부드러운 털이 난 발로 태양이 보관된 비밀 장소로 살금살금 다가갔습니다. 그리고 아무도 지켜보지 않을 때까지 숨죽이고 가만히 기다렸다가 태양을 입에 문 채 목숨을 걸고 달리기 시작했습니다. 하지만 너무 뜨거워 물고 있던 태양을 떨어뜨리고 말았습니다. 이때 입을 홀라당 데여 오늘날까지도 모든 여우는 주둥이가 검은색이랍니다.

다음으로 나선 동물은 주머니쥐였습니다. 원래 주머니쥐는 길고 털이 많은 꼬리를 가지고 있었습니다. 주머니쥐는 여우가 태양을 떨어뜨린 곳으로 살금살금 다가가 멋진 꼬리에 감고 달려갔습니다. 하지만 태양이 너무 뜨거워서 꼬리의 털이 모두 타 버리고 말았습니다. 그리고 여우처럼 태양을 떨어뜨렸습니다. 그래서 오늘날까지도 모든 주머니쥐는 길고 만질만질한 꼬리를 가지고 있습니다.

태양을 훔쳐 올 희망이 거의 사라져 갈 때쯤 거미 할머니가 덤불 속에서 허둥지둥 뛰쳐나와 말했습니다. "내가 한번 해 볼까?" 비록 다른 동물들보다 훨씬 작았지만 거미 할머니는 영리했습니다.

거미 할머니는 불타는 태양을 직접 잡으려고 애쓰는 대신, 이슬로 덮인 거미줄로 훌륭한 비단 가방을 짰습니다. 태양을 발견한 거미 할머니는 조심스럽게 태양을 그 가방 속에 넣어 무사히 돌아왔습니다. 모든 동물들이 기뻐했지만 아직 중요한 문제가 하나 남아 있었습니다. 태양을 어디에 둘 것인지 정해야 했습니다.

거미 할머니가 말했습니다. "태양을 하늘 높이 올려놓아야 해. 그렇게 하면 모두가 태양을 볼 수 있고 그 빛에서 이익을 얻을 거야." 그 말은 옳았고, 다른 동물들도 모두 같은 의견이었습니다. 하지만 아무리 애써도 그들 중 누구도 하늘에 닿을 만큼 키가 크지 않았습니다. 그때 독수리가 큰 날개를 접으며 땅으로 내려왔습니다. 독수리가 말했습니다. "나는 어떤 새보다 더 높이 날 수 있어. 내가 태양을 하늘로 운반할게."

태양은 비단 가방 안에서 여전히 활활 타오르고 있었습니다. 독수리는 가방을 깃털이 가장 두꺼운 머리 위에 올려놓았습니다. 그런 다음 구름 위로 점점 더 높이 날기 시작했습니

할머니 거미와 태양

다. 하지만 높이 올라갈수록 태양은 점점 더 뜨거워졌고, 비단 가방을 뚫고 불타오르기 시작했습니다. 그래도 독수리는 자기 머리에 있는 깃털이 모두 사라질 때까지 계속해서 날아올랐습니다. 비록 머리 위의 피부가 붉게 물들기는 했지만 독수리는 마침내 하늘 꼭대기까지 도달했고 모두가 볼 수 있도록 태양을 그곳에 놓았습니다. 이 때문에 오늘날까지도 독수리들은 빨간 대머리를 지니게 된 것입니다.

거미 할머니가 엮은 거미줄 사이로 태양의 광선이 하늘을 가로질러 내리쬐자 아래쪽 세계는 햇빛과 따듯한 온기에 휩싸였고, 이에 동물들과 사람들은 모두 기뻐했습니다. 그리고 하늘에 빛을 가져다준 독수리에 대한 칭송이 자자했습니다. 오늘날에도 여전히 독수리는 태양 주위를 빙빙 돌고 있습니다.

북두칠성(큰곰자리)

여름을 가져다준 피셔
인디언 아니쉬나베족 전설의 비밀

큰곰자리에 있는 일곱 개의 밝은 별은 보기에 따라 다양한 모양을 나타냅니다. 쟁기, 냄비, 심지어 사냥꾼들에게 쫓기는 곰처럼 보이기도 합니다. 북미의 몇몇 부족은 이 별자리를 '피셔(북미에 서식하는 족제비과의 동물)'라고 부릅니다. 이 피셔의 꼬리에는 화살이 꽂혀 있습니다.

아주 먼 옛날, 지구는 항상 겨울이었습니다. 봄도, 여름도 없었습니다. 태양이나 온기도 없었습니다. 땅은 온통 눈으로 뒤덮였고, 뼛속 깊이 스며드는 얼음장 같은 추위만 있을 뿐이었습니다.

눈 쌓인 숲에는 날렵하고 호리호리한 몸매에, 부드러운 털의 꼬리가 달린 여우처럼 생긴 피셔가 살고 있었습니다. 작고 사나운 이 녀석은 타고난 사냥꾼이었습니다. 매일 다람쥐를 사냥해서 굶주림에 지친 가족을 먹여 살렸습니다. 하지만 바람은 몹시 거세게 불었고, 눈은 아주 높이 쌓였으며, 사냥에서는 오랫동안 운이 따라 주지 않았습니다. 마침내 피셔는 자신처럼 깡마르고 추위에 떨고 있는 다람쥐 한 마리를 찾아냈습니다.

여름을 가져다준 피셔

막 덤벼들려는 찰나에 다람쥐가 피셔에게 말했습니다. "위대한 사냥꾼님, 저를 죽이지 마세요. 당신에게 해 줄 말이 있어요. 제 말대로 저를 살려 준다면 여름을 세상으로 가지고 올 수 있어요. 그러면 우리 모두에게 먹을 것이 생길 테고 당신은 자랑스러운 피셔가 될 거예요." 피셔는 배가 고파 죽을 지경이었지만 다람쥐가 하는 말을 주의 깊게 들었습니다. 그런 다음 집으로 돌아가 자신의 계획을 들려주기 위해 모든 친구를 불렀습니다. "나는 스카이랜드라고 하는 곳으로 여행을 떠날 거예요. 그곳은 땅과 가장 가까운 곳에 있는 하늘나라지요. 필요한 온기와 음식도 모두 있어요. 거기서 여름을 가지고 돌아와 우리가 전부 굶어 죽기 전에 이 길고도 쓰라린 겨울을 끝내겠습니다."

피셔가 말을 끝내자 동물 친구들은 환호했고, 몇몇은 피셔와 함께 모험을 떠나겠다고 말했습니다. 피셔는 가장 강한 친구인 수달, 스라소니, 오소리를 선택했습니다. 이렇게 해서 네 친구가 하얀 눈이 덮인 황야로 길을 나섰습니다.

여러 날 동안 이들은 스카이랜드산을 향해 걸었습니다. 매일 점점 더 높이 오르고, 매일 밤 눈 쌓인 언덕 아래에서 잠을 잤습니다. 날씨가 몹시 추워지고 바람이 얼굴을 할퀴었지만, 마침내 그들은 하늘이 거의 닿을 정도로 높이 솟은 산 정상에 도달했습니다. 이제 그들은 더 위로 뚫고 들어가 햇볕이 비치는 스카이랜드에 도달할 방법을 찾아야 했습니다.

피셔가 말했습니다. "우리가 차례로 뛰어올라야 해. 누가 먼저 할래?" 수달이 가장 먼저 나섰습니다. 펄쩍 뛰어오르자 하늘에 손이 닿았지만 뚫고 나갈 수는 없었습니다. 땅으로 떨어지면서 산 아래까지 부드러운 배를 타고 미끄러졌습니다. 다음으로 스라소니가, 그 뒤로 피셔가 시도했습니다. 하지만 둘 다 하늘을 뚫지 못했습니다.

"이번엔 네 차례야." 피셔가 오소리에게 말했습니다. "네가 우리 중 가장 힘이 세잖아." 오소리는 가능한 아주 높이 뛰어올라 하늘을 세게 쳤습니다. 오소리는 계속 뛰어올라 하늘을 쳤고, 마침내 하늘에 금이 가고 구멍이 났습니다. 따뜻한 바람이 뺨을 스쳐 지나가는 것이 느껴지자 미소가 번졌습니다.

어느덧 구멍은 반대편으로 들어갈 수 있을 만큼 충분히 커졌습니다. 동물 친구들은 오소리를 따라 스카이랜드로 들어갔습니다. 그곳은 이제껏 본 것 중에서 가장 아름다운 곳이었

여름을 가져다준 피셔

습니다. 날씨는 눈부시게 화창했고, 주변에는 온갖 종류의 달콤한 향기가 나는 꽃과 식물들이 피어 있었습니다.

나무들은 나뭇잎이 무성하고 열매가 가득 열려 있었습니다. 나뭇가지에는 온갖 색깔의 새집들이 매달려 있었습니다. 공중에는 새소리가 가득했습니다. 피셔가 새들을 풀어 주자 그 새들은 하늘에 난 구멍을 통해 땅으로 날아갔습니다. 그 후 네 친구는 스카이랜드의 온기가 땅 아래 세계로 밀려 들어갈 수 있도록 구멍을 더 크게 만들기 시작했습니다. 눈이 방울방울 녹아내렸고 신선한 녹색 풀이 모습을 드러냈습니다.

네 마리의 동물이 무슨 일을 하는지 알게 된 스카이랜드 사람들은 화가 단단히 나서 이들을 뒤쫓았습니다. 오소리는 피셔에게 따라오라고 소리치며 하늘의 구멍을 통해 땅으로 도망쳤습니다. 하지만 피셔는 듣지 않았습니다. 그는 스카이랜드 사람들이 가까이 다가오고 있음에도 구멍을 더 크게 만들었습니다. 스카이랜드 사람들이 구멍을 닫고 다시 땅을 겨울에 빠뜨리지 못하게 하기 위해서였습니다.

스카이랜드 사람들이 피셔에게 거의 다가왔을 때 하늘의 구멍은 반 년 동안 여름을 유지할 만큼 커졌습니다. 하지만 여름이 1년 내내 지속될 정도는 아니었습니다. 하늘 사람들은 미친 듯이 화살을 퍼부으며 그를 막으려고 했습니다. 그러다 화살 하나가 피셔에게 명중했고, 그는 쓰러져 땅으로 떨어지기 시작했습니다. 하지만 피셔는 저 아래 땅까지 도달하지 못했습니다. 이를 지켜본 신들은 피셔를 불쌍히 여겼습니다. 그래서 동물들을 대신해 큰 희생을 한 것에 대한 보답으로 피셔를 하늘로 높이 올려 별들 가운데 세웠습니다. 이렇게 해서 피셔가 하늘에서 겨울이면 누워 있다가 봄이 오면 일어서는 모습을 1년 내내 볼 수 있게 되었습니다.

은하수

별들을 흩뿌리고 다니는 코요테

인디언 나바호족 전설의 비밀

미국 남서부의 바싹 마른 사막에서 밤하늘을 바라보면 수많은 별들이 사방에서 지구를 만지려고 손을 뻗고 있는 것이 보입니다. 이러한 하늘 아래에서 나바호족 인디언들은 그들의 호건, 즉 집을 짓고 담요를 땅에 펼쳐 놓은 후 별들을 바라보며 이야기를 나누었습니다.

아주 오래전 지구가 생겨난 지 얼마 안 되었을 때, 나바호족의 신들은 창조의 집(호건)에서 만났습니다. 그들은 새로 만든 하늘에 태양과 달을 그려 넣고 밤과 낮을 나누었습니다. 하지만 달이 밝게 빛을 내고 있음에도 밤하늘이 여전히 어둡고 삭막해 보인다는 것을 알아차렸습니다.

　신들은 이 문제를 어떻게 해결해야 할지에 대해 의논하기 시작했습니다. 그때 불의 신인 흑신이 온통 검은 옷을 입고, 성스러운 불꽃으로 검게 그을린 양가죽 가면을 쓰고, 이마에는

별들을 흩뿌리고 다니는 코요테

초승달을 달고, 입에는 보름달을 문 채 문간에 도착했습니다. 또 그의 발목에는 신들이 한 번도 본 적 없는 반짝이는 작은 별들이 무수히 붙어 있었습니다. 호기심이 생긴 신들은 흑신에게 그것이 무엇인지 물었습니다.

흑신은 아무 말 없이 호건 주위를 천천히 걸어 다녔습니다. 그는 북쪽을 향해 다가가다가 멈춰 서서 발로 땅을 세게 구르며 발목의 별들이 반짝거리면서 무릎까지 튀어 오르게 했습니다. 그런 다음 차례로 동쪽과 남쪽, 서쪽으로 가서 똑같이 발을 굴렀습니다. 그의 무릎에 매달려 있던 별들은 엉덩이, 어깨, 그리고 그의 이마까지 튀어 올랐습니다. 이 별들은 오늘날까지도 흑신의 양가죽 가면에 있었던 자부심을 간직한 채 남아 있습니다.

다른 신들은 깜짝 놀란 표정으로 이를 지켜보다 물었습니다. "이 이상한 결정체들은 무엇이오? 참 아름답군요." 흑신이 대답했습니다. "별이라고 하는 것이라오." 신들은 자기들끼리 논의해서 빠르게 합의를 보았습니다. 그들은 흑신에게 깊고 어두운 밤하늘을 더 아름답게 만들기 위해 더 많은 별을 만들어 달라고 부탁했습니다.

흑신은 항상 가지고 다니던 주머니를 꺼냈습니다. 그것은 가장 좋은 갈색 가죽으로 만들어졌고 수많은 결정체로 가득 차 있었습니다. 흑신은 주머니에서 밝고 선명하게 빛나는 결정체 하나를 꺼냈습니다. 그런 다음 손을 뻗어 그것을 조심스럽게 북쪽 하늘에 갖다 놓았습니다. 그것은 여행자들을 안내하고 그들을 안전하게 지켜 주는 별인 북극성이 되었습니다.

흑신은 북극성 부근에 남자와 여자의 결정체 형상을 배치했습니다. 이것들은 회전하는 남자와 회전하는 여자로 북극성 주변을 영원히 돌도록 만들어졌습니다. 이 별들이 회전하는 길은 북극성을 중심에 둔 호건 모양을 나타내고 있습니다.

다음으로 흑신은 동쪽, 남쪽, 서쪽으로 방향을 틀었고 하늘을 더 많은 결정체로 장식했습니다. 다리를 벌린 사람, 토끼 발자국, 뿔 달린 말 등이 모두 정확하고 완벽하게 배치되었습니다. 이어서 흑신은 자신의 사원에 있는 별들의 무늬를 본떠서 하늘에 두었습니다. 그런 다음 다시 주머니에 손을 넣어 수천 개의 작은 결정체들을 꺼내 어둠을 가로질러 그것들을 화려하게 흩뿌렸습니다.

흑신은 별무늬로 하늘을 채우고 난 다음 이 별들을 밝히기 위해 하늘에 불을 몇 개 놓았습니다. 다른 신들은 감탄하며 입을 다물지 못했습니다. 하늘은 정말로 아름다웠습니다. 흑신이 앉아서 자신의 작품을 감상하고 있을 때, 사기꾼인 코요테가 나타나 장난을 치기 시작했습니다.

코요테가 소리쳤습니다. "여기서 뭐 하고 있는 거야? 아무도 나에게 의견을 묻지 않았어! 날 기다렸어야지." 흑신이 대답했습니다. "네가 직접 봐. 우리는 하늘에 무늬와 사람들이 따라야 할 규칙을 만들었어. 네 도움은 필요 없었다고."

마지막으로 흑신은 자리에 앉아 그의 귀한 주머니를 발밑에 두려고 했습니다. 그것을 보호하기 위해서였습니다. "어디 그렇게 되나 두고 보자." 교활한 코요테가 미친 듯이 웃으며 발을 뻗어 그 주머니를 낚아챘습니다. 그런 다음 주머니를 열어 그 안에 남아 있던 결정체들을 하늘 저 멀리 날려 보냈습니다. 결정체들은 수천 개의 별이 되어 무질서하게 반짝이면서 흩어졌습니다. 코요테는 웃다가 주머니 속을 들여다보고 결정체가 하나 남아 있는 것을 발견했습니다.

코요테가 말했습니다. "이 별은 나만의 별이 될 것이다." 그는 흑신을 흉내 내며 하늘 높이 다가가 조심스럽게 남쪽에 그 별을 배치했습니다. "이제 하늘이 정말 아름답구나."

이것이 오늘날 우리가 보는 별들이 생겨난 이야기입니다. 흑신이 사려 깊게 무늬를 만들어 배치한 별들은 지구상의 사람들에게 질서와 안내를 가르쳐 주고 있습니다. 하지만 나머지 하늘은 코요테 별을 제외하고는 혼란과 무질서로 가득 차 있습니다. 나바호족에게는 이 두 밤하늘이 삶의 질서와 혼돈의 균형을 반영하는 것이랍니다.

은하수

라마별

잉카족 전설의 비밀

어두운 그림자가 은하수를 뒤흔들자 살아 있는 동물들이 별들의 강에서 남아메리카 잉카로 물을 마시러 왔습니다. 남십자성과 전갈자리 사이에는 두 마리의 라마가 있었습니다. 별처럼 총총 빛나는 눈을 가진 엄마 라마와 젖을 빨고 있는 아기 라마였습니다. 라마는 잉카 사람들에게 아주 중요한 동물이었습니다. 목동들은 라마를 제물로 바쳐 땅과 하늘의 모든 짐승에게 제사를 지냈습니다.

★ ★ ★

고대 잉카의 전설은 오래전 지구상의 사람들이 얼마나 잔인하고 탐욕스러워졌는지를 알려줍니다. 그들은 서로 싸우고 훔치느라 바빠 밭과 농작물을 가꾸거나 신들을 숭배하는 것을 잊었습니다. 하지만 안데스산 높은 지대의 바위투성이 산비탈에는 인간이 여전히 선하고 신이 충만한 삶을 영위하는 유일한 곳이 있었습니다.

　이곳에는 두 형제가 살고 있었습니다. 이들은 정직하고, 열심히 일했으며, 라마 목동 중에서도 가장 고귀한 인격을 지닌 사람들이었습니다. 형제는 라마에 대해 잘 알고 있었고, 자신은 물론 다른 사람들에 대해서도 알고 있었습니다. 그런데 이들에게는 걱정이 있었습

라마별

니다. 라마들이 며칠째 먹지도 않고 잠도 안 자며 밤새 애절하게 별들만 바라보았기 때문입니다.

몹시 당황한 형제는 라마들에게 무엇이 잘못되었는지 물었습니다. "별들이 우리에게 경고했습니다." 라마들이 대답했습니다. "신들이 화가 많이 나 있습니다. 사람들이 악행을 저지른 것을 벌하기 위해 지구에 사는 모든 생명을 멸망시킬 맹렬한 홍수를 보낼 계획을 세우고 있습니다."

형제는 서둘러 양 떼와 가족들을 산 위의 동굴로 옮겼습니다. 그곳에는 다른 모든 동물도 모여 있었습니다. 이들이 동굴로 몸을 피하자마자 이제껏 본 적 없는 엄청나게 큰비가 내리기 시작했습니다. 구름이 밤을 새까맣게 물들였습니다. 천둥이 우르릉거렸습니다. 번개의 섬광이 번쩍거리며 하늘을 가로질렀습니다. 비는 계속 내렸습니다. 형제는 라마가 옳았다는 것을 알았습니다. 그들은 높은 봉우리에서 내려다보며 강물이 둑을 터트리고 세상과 불쌍한 사람들을 쓸어 내는 것을 지켜보았습니다.

물이 차오르면서 라마 목동들이 있는 산은 기적적으로 점점 더 높아졌습니다. 그렇지만 물은 곧 그들이 있는 동굴의 입구를 덮치기 시작했습니다. 설상가상으로 식량은 바닥이 나고 있었습니다.

그러던 어느 날 형제가 슬쩍 밖을 내다보니 비가 그치고 환하게 빛나는 구름 막이 맑아진 것이 보였습니다. 태양신 인티가 다시 하늘에 나타나 미소를 짓자 물이 마르더니 사라졌습니다. 산이 원래의 높이로 줄어들자 형제와 그 가족들은 땅으로 돌아왔습니다. 지상에는 곧 그들의 아이들과 그 자손들로 가득 찼습니다.

하늘 위의 별에서는 홍수를 미리 알렸던 엄마 라마와 아기 라마가 세상 사람들을 내려다보며 신으로 숭배를 받고 있습니다. 밤이 되어 아래 세상이 잠이 들면 엄마 라마와 아기 라마는 바다가 넘쳐나는 것을 막기 위해 하늘에서 내려와 바닷물을 마십니다. 한편 사람들은 지구상의 거의 모든 곳에 살고 있지만, 라마들은 여전히 홍수가 났던 낮과 밤을 기억하며 항상 더 높은 곳에서 사는 것을 좋아한답니다.

태양

태양신과 뱀
고대 이집트 전설의 비밀

고대 이집트에는 신 중에서 가장 강력한 태양신 라가 있었습니다. 이집트인들은 라를 받들며 그가 세계를 창조한 방법과 그가 매일 하늘을 가로질러 항해하면서 해가 뜨고 지는 원리를 이야기했습니다.

★ ★ ★

태초에 이집트에는 땅이 없었습니다. 오직 먹빛의 어둠과 거대한 물 쓰레기만 있었습니다. 그러다 어둠 속에서 빛나는 거대한 알이 서서히 생겨났고, 그 알에서 모든 신 중 가장 위대한 신인 라가 나왔습니다.

라가 나타난 후 태양이 처음 하늘 위로 떠올랐습니다. 그런 다음 라는 첫 번째 바람을 불게 하고 첫 번째 비를 내렸습니다. 그는 지구를 만들고 그 위에 둥근 하늘의 문을 두었습니다. 다음으로 나일강이 이집트를 가로지르게 만들어 땅을 비옥하게 만들었습니다. 이어서 식물과 동물로 지구를 가득 채웠으며, 마지막으로 많은 사람을 만들어 살게 했습니다.

라는 이렇게 창조 작업을 마치고 사람의 형상을 한 후 이집트의 첫 파라오(왕)가 되었습니다. 수천 년 동안 그는 현명하게 나라를 잘 다스렸습니다. 그 덕분에 수확은 해마다 풍성

태양신과 뱀

했고, 사람들은 그 이야기를 계속 후대에 전했습니다. 하지만 라는 점점 나이가 들었습니다. 사람들은 더 이상 그가 만든 법을 따르지 않게 되었습니다. 나이가 들어 흰머리를 흩날리고 입가에 주름이 잡힌 모습을 보고 사람들은 잔인하게도 그를 조롱했습니다.

신들은 라의 진짜 이름을 알지 못하면 라의 왕좌를 차지할 수 없다는 것을 알고 있었습니다. 그 이름이 그의 과거와 현재와 미래에 대한 열쇠를 쥐고 있었기 때문입니다. 그래서 이시스 여신은 교활한 계획을 세웠습니다. 라의 입에서 땅으로 떨어진 침을 채취해 흙과 섞어 점토를 만들었습니다. 그런 다음 점토를 빚어 뱀의 모양을 만들었습니다. 이것이 바로 최초의 코브라입니다.

이 코브라는 그 순간부터 이집트 왕족의 상징이 되었습니다. 이시스 여신은 눈에 보이지 않고 눈에 띄지도 않게, 라가 왕국을 순찰할 때 매일 다니던 흙먼지 나는 길목에 코브라를 놓아 두었습니다. 어느 날 라가 그 길을 지나갈 때 머리를 양옆으로 편 코브라가 고개를 들고 그의 다리를 물었습니다.

뱀의 치명적인 독이 몸에 스며들자 라는 무서운 고통으로 울부짖었습니다. 잠시 후 그는 몸이 불타는 듯 열이 오르더니 이내 얼음장처럼 차가운 오한으로 몸을 벌벌 떨었습니다. 라는 자신에게 무슨 일이 일어났는지 어리둥절했습니다. 지구상의 모든 생물을 창조한 것이 자기 자신인데 어떻게 자신이 만들지도 않은 동물에게 상처를 입을 수 있는 것인지 도무지 알 길이 없었습니다.

고통 속에서 라는 치유의 신들에게 어서 와 도와 달라고 간청했고, 신들은 그 부름에 답했습니다. 그때 가장 먼저 도착한 것은 다름 아닌 이시스 여신이었습니다. 그녀는 자신이 바라던 결과를 보고 미소를 지었습니다.

"위대한 아버지시여." 이시스 여신이 능글맞게 말했습니다. "내가 마법으로 당신을 돕겠습니다. 대신 그전에 당신의 비밀 이름을 알려 주셔야 합니다. 그 이름을 마법 주문에서 사용해야만 당신의 고통을 치료할 수 있기 때문입니다." 라는 고통을 참으며 여러 가지 이름을 댔습니다. "나는 지구와 하늘의 창조자다. 산들의 창조자다. 모든 강과 호수의 원천이다. 빛이며 어둠이다. 하늘의 타오르는 태양이다." 하지만 이시스 여신은 아무 주문도

태양신과 뱀

외우지 않았습니다.

코브라의 독은 계속 라의 몸속을 돌았습니다. 라가 자신의 비밀 이름이 아니라 이미 모든 사람들이 알고 있는 이름을 말했기 때문이었습니다. 독은 그 어떤 화염이나 불보다 더 강력한 열을 발산하며 라의 몸을 태웠습니다. 마침내 그는 더 이상 참지 못하고 소리를 질렀습니다. "알겠다! 나의 진짜 비밀 이름을 말해 주마. '권력의 이름'이 너희들의 가슴에 전해지기를!"

"'권력의 이름'으로 독을 없애라." 이시스 여신이 즉시 말했습니다. 마침내 라는 뱀에게 물린 상처를 치료받았습니다. 비록 그의 통치는 끝이 났지만 고통으로부터 평화를 찾았습니다. 대신 그는 하늘 높이 올라가 태양으로 자리를 잡았고, 지금까지 그 자리에 남아 있습니다. 낮에는 황금빛 배를 타고 동료 신들의 옆을 지나 고요히 하늘을 가로질러 항해하며 새벽부터 해 질 녘까지 세상을 밝게 비추고 있습니다. 밤이 되면 어둠이 내려앉은 하늘과 세계를 떠나 저승을 항해합니다.

그의 배에는 살아 있는 자들의 기도와 죽은 자들의 영혼이 실려 있습니다. 라는 저승에서 그의 길을 막는 불구대천의 원수인 아펩을 물리쳐야 합니다. 뱀의 모습을 한 아펩은 종으로 부리는 악어와 함께 그를 기다리고 있습니다.

매일 밤, 전투가 시작되면 아펩은 자신이 잡아먹을 신들에게 최면을 걸기 위해 보이지 않는 몸을 끊임없이 흔들어 댑니다. 하지만 신들은 항상 준비가 되어 있습니다. 아펩이 승리하게 되면 세계는 암흑의 혼란 속에 빠져들게 됩니다. 그래서 신들은 밧줄과 그물로 이 야수를 가두어 놓고 마법의 주문을 외치며 그를 제압해 죽입니다. 매일 밤, 승리를 거둔 라는 항해를 계속하며 태양을 하늘로 운반해 세상을 또 밝게 비추어 줍니다.

오리온

파라오의 영혼

고대 이집트 전설의 비밀

사람들은 하늘을 가로지르는 오리온의 모습을 보며 경탄합니다. 오리온은 고대 그리스 신화에 등장하는 사냥꾼입니다. 고대 이집트에서는 죽음과 사후 세계를 지배하는 위대한 신 '오시리스'로도 불립니다.

★ ★ ★

아득한 옛날, 강력한 땅의 신 게브와 하늘의 여신 누트는 오시리스, 이시스, 세트, 네프티스 등 네 아이를 낳았습니다. 맏이인 오시리스는 선량하고 현명했습니다. 이와 함께 다른 자질들도 갖춘 덕에 강력한 태양신 라에 의해 이집트의 파라오(왕)로 임명되었습니다.

오랜 세월 동안 오시리스는 여왕인 이시스와 함께 이집트를 훌륭하고 공정하게 통치했습니다. 그는 혼란보다 질서를, 무법보다 정의를 중요시했습니다. 사람들에게는 농사를 잘 짓고 평화롭게 살도록 가르쳤습니다. 이러한 그의 행동은 신들과 지구상의 모든 사람에게 사랑과 존경을 얻었습니다. 하지만 모두가 오시리스에게 매혹된 것은 아니었습니다. 폭풍과 혼돈의 신인 그의 동생 세트는 파라오의 인기와 권력을 몹시 시기하여 그를 죽이려는 음모를 꾸몄습니다.

파라오의 영혼

세트는 오시리스가 바보가 아니라는 것을 알았기 때문에 머리를 써야 했습니다. 그래서 오시리스를 위한 잔치를 열기로 했습니다. 오시리스가 그의 백성들과 그의 땅을 위해 한 모든 일에 감사를 표시하는 잔치였습니다.

"파라오는 올바른 통치를 이어갈 것이다." 세트는 자신의 말에 귀를 기울이는 모두에게 말했습니다. "그러니 이제 그가 상을 받을 차례다." 그 잔치는 이집트에서 열린 가장 호화로운 축제였습니다. 음식과 음료도 가장 최고로만 제공되었습니다. 노래와 춤이 가득했고, 시합도 벌어졌습니다. 오시리스는 그 모습을 바라보며 활짝 웃었습니다. 모든 사람들이 어느 정도 배불리 먹고 마시자 세트는 명령을 내리려고 크게 손뼉을 쳤습니다. 그러자 그의 종들이 마치 신이 만든 것처럼 화려한 색과 금판으로 정교하게 조각되고 장식된 향나무로 만든 진기한 상자를 가지고 왔습니다.

"마지막 시합이 하나 남아 있다." 세트가 손님들에게 능글맞게 웃으며 말했습니다. "이 상자를 그 안에 들어갈 수 있는 사람에게 주겠다." 신하들은 상자를 갖고 싶어 하며 한 명씩 그 안으로 들어가려고 했습니다. 물론 한 명도 성공하지 못했습니다. 드디어 오시리스도 도전해 보기로 했습니다. 사실 그 상자는 비밀리에 그의 몸에 맞춰 제작된 것이었습니다.

오시리스가 상자 안으로 들어가자마자 세트는 의기양양하게 소리를 지르며 뚜껑을 쾅 닫았습니다. 그런 다음 그것을 나일강으로 휙 던졌습니다. 상자는 물살을 타고 지중해까지 떠내려가 마침내 해안에 도달했습니다. 이집트는 온 나라가 충실한 왕을 잃은 슬픔에 잠겼습니다. 그러는 동안 세트는 스스로 왕위를 주장했습니다.

슬픔에 잠긴 이시스는 세트의 손에 사라져 버린 남편의 운명을 생각하며 쓰라린 눈물을 흘렸습니다. 그녀는 안식처를 찾기 위해 1년 내내 먼 곳을 돌아다녔습니다.

그러던 어느 날 희망이 거의 사라져 갈 무렵, 그녀는 멀리 떨어진 강둑의 상자 주변에서 자라는 능수버들과 우연히 마주쳤습니다. 줄기에 옹이가 많고 튼튼하게 생긴 나무였습니다.

새의 여신인 이시스는 거대한 연을 가지고 금박 입힌 날개를 펄럭이며 상자 주변을 날

아다녔습니다. 연의 애절한 애도의 노래를 부르며 그녀는 상자를 집으로 가져와 늪의 무성한 갈대숲 속에 숨겼습니다.

　세트는 그곳에서 햇빛에 반짝이는 상자를 보고 비열한 복수를 가했습니다. 오시리스의 시체를 상자에서 거칠게 꺼낸 후 그의 몸을 잘게 잘라 멀리 흩어 놓았던 것입니다. "이것이 진정한 오시리스의 최후다." 세트가 키득거렸습니다.

　다음 날 아침, 이시스는 죽은 사람을 위로하는 의식을 거행하기 위해 늪으로 돌아갔다가 남편의 시체가 사라진 것을 발견했습니다. 금빛 날개로 다시 변신한 그녀는 이집트 하늘을 날아다니며 오시리스의 몸 조각을 모두 모았습니다. 그녀는 재칼의 머리를 한 미라의 신 아누비스의 도움을 받아 조각들을 다시 맞추기 시작했습니다.

파라오의 영혼

여러 날 동안 매달린 끝에 오시리스의 몸은 모두 맞춰졌습니다. 그의 몸은 흰 마로 둘둘 감싸진 채 파라오에 어울리는 미라가 되었습니다. 그것을 본 이시스는 가장 위대한 마법을 부렸습니다. 희미하게 빛나는 날개를 펄럭이며 남편의 몸에 입김을 불어넣어 그를 다시 살아나게 한 것입니다. 하지만 한번 죽은 자의 땅으로 넘어간 영혼은 산 자의 땅에 남아 있을 수 없었습니다. 그래서 태양신 라는 오시리스에게 저승 세계의 주인이 되라고 명령했습니다. 이렇게 해서 오시리스는 죽은 자의 주인이 되었고, 부활의 신이 되었습니다. 이는 사람이 죽은 후에도 새로운 생명이 될 수 있다는 증거입니다.

오시리스의 영혼은 하늘로 올라가 별들 사이에 자리를 잡았습니다. 별빛 띠 하나가 별들 사이에 생겨났습니다. 어떤 이들은 이곳의 거대한 피라미드가 파라오들의 안식처라고 말합니다.

남십자성

별이 된 기린

아프리카 부시맨 전설의 비밀

밤이 깊어지면 남아프리카 하늘에는 반짝이는 별 무리가 나타납니다. 그중 으뜸은 십자가 모양을 한 네 개의 밝은 별입니다. 이 별은 남십자성이라고도 알려져 있습니다. 남반구에서는 1년 내내 보이는 이 별들에 지난 수천 년 동안 많은 이름을 붙여 왔습니다. 어떤 사람들은 별에서 십자가 모양을 보고, 어떤 사람들은 위풍당당한 사자의 모습을 보기도 합니다. 또 츠와나 사람들은 아래 지구에 있다가 하늘나라의 초원을 돌아다니게 된 기린의 길게 뻗은 목을 봅니다.

아주 오래전 세상이 만들어진 지 얼마 안 되었을 때, 하늘은 회색빛의 푸른 바위로 이루어진 돔이었고 지구는 그 밑에 놓여 있었습니다. 태양은 매일 돔을 가로질러 움직였고, 밤에는 별들이 바위의 구멍을 통해 반짝였습니다. 그 당시에 크고 작은 지구상의 동물들에게는 각각의 크기, 모양, 재능에 따라 수행해야 할 과제가 주어졌습니다.

사자는 날카로운 이빨과 발톱으로 경비를 서야 했고, 코끼리는 엄청난 힘으로 통나무를 옮겨야 했습니다. 모든 동물들은 저마다 하나씩 유용한 일을 맡아서 했습니다. 하지만 별다

별이 된 기린

른 기술이 없었던 기린은 하루의 거의 대부분을 애절하게 하늘만 쳐다보며 빈둥거렸습니다. 기린은 너무 키가 크고 서툴러서 일을 하는 데 도움이 되지 않았습니다.

다른 동물들은 안타까운 표정으로 바라보며 기린이 할 만한 일을 찾아 주려고 애썼습니다. 그러던 어느 날 기발한 생각을 해냈습니다. 태양이 하늘을 가로질러 왔다 갔다 하다가 자꾸 길을 잃어서 태양을 아치형 궤도 위에 계속 올려놓을 동물이 필요했는데, 긴 목과 긴 다리를 가진 기린이 그 일에 안성맞춤이었습니다. 기린이야말로 하늘 높이 닿을 수 있는 유일한 동물이었기 때문입니다.

기린은 곧바로 그 일을 하게 되었습니다. 기린은 온종일 하늘을 응시하며 태양이 길을 잃지 않도록 했습니다. 만약 태양이 길을 벗어나면 기린은 긴 목을 구름 위로 높이 뻗어 태양을 약간 움직여 주었습니다. 할 일을 갖게 된 기린은 무척 기뻐했습니다. 기린은 자신의 임무에 매우 진지하게 임했습니다. 그리고 그 일을 아주 훌륭하게 해내 종종 최고의 명예를 보상으로 얻기도 했습니다.

어떤 별들은 항상 태양의 방향을 가리키도록 재배열되었습니다. 부시맨들은 이 별들에 '기린'이라는 이름을 붙였습니다. 그들은 아직도 밤길을 갈 때 이 별자리를 길잡이로 삼고 있습니다. 기린 별은 누구에게나 남들과 다르게 잘하는 일이 있다는 것을 상기시켜 줍니다.

황소자리

길가메시와 황소
수메르족 전설의 비밀

고대 수메르인들은 밤하늘에서 길가메시라는 강력한 사냥꾼을 보았습니다. 그는 일부는 신이고 일부는 인간이었으며, 역대 왕 중 가장 위대한 왕이었습니다. 마치 하늘나라의 거대한 황소가 길가메시와 목숨을 건 싸움을 벌이고 있는 것처럼 보입니다.

★ ★ ★

신들이 우루크의 왕 길가메시를 창조했을 때, 그를 3분의 2는 인간으로, 나머지 3분의 1은 신으로 만들었습니다. 그는 현명하고 강했지만, 뽐내기를 좋아하고 거만하기도 했습니다. 그는 한때 적이었지만 이제는 충실한 친구가 된 엔키두와 함께 괴물들과 싸우고 산을 옮기기도 했습니다. 하지만 더 큰 명성과 행운은 항상 그를 향해 손짓했습니다.

그러던 어느 날 길가메시와 엔키두는 신들의 경고를 무시하고 신들의 고향 키도로스산으로 가 그곳의 괴물 왕 움바바를 죽였습니다. 길가메시는 의기양양하게 우루크로 돌아와 머리에 황금 왕관을 쓰고 태양의 신 샤마시에게 승리와 무사 귀환을 감사하는 제물을 바쳤습니다. 사람들의 칭송을 받을 생각에 사로잡힌 그는 매혹적인 사랑의 여신 이슈타르가 자신을 지켜보고 있다는 사실을 알아차리지 못했습니다.

길가메시와 황소

"길가메시." 이슈타르가 말했습니다. "당신은 영웅일 뿐만 아니라 얼굴도 잘생겼어요. 당신 같은 남자는 없어요. 나와 결혼해요. 이건 명령이에요.

나와 결혼해 준다면 가장 빠른 폭풍의 악마들이 끄는 금 바퀴 달린 전차를 만들어 줄게요. 당신이 내 남편이 되어 준다면 왕과 왕자들이 당신 앞이 엎드려 절을 할 거예요."

길가메시는 그녀의 매혹적인 아름다움에 흐뭇하게 미소를 지었습니다. "여신이여, 진정 기분 좋은 말이지만 거절합니다." 길가메시가 말했습니다. "나는 그대를 언제까지나 여신으로 숭배할 것이오. 하지만 당신을 내 아내로 맞을 수는 없소. 당신이 사랑했던 모든 사람은 당신의 관심을 잃게 된 후 버려졌잖소. 당신은 그들을 늑대와 두더지로 변신시켰소. 아니면 회복하기 힘들 정도로 망가뜨려 놓거나."

길가메시와 황소

그의 말을 들은 이슈타르는 격노하며 발을 동동 굴렀습니다. 그녀는 하늘로 달려가 아버지의 발 앞에 엎드려 엉엉 울었습니다. "아버지, 길가메시는 벌을 받아야 합니다." 이슈타르가 흐느꼈습니다. "그는 저를 모욕했어요. 그에 대한 대가를 치러야 해요. 하늘의 황소 구갈란나를 저에게 주세요. 그를 영원히 멸망시키게요."

"얘야, 네 부탁이라면 뭐든 다 들어 주마." 이슈타르의 아버지인 하늘의 신 아누가 대답했습니다. "하지만 그것만은 안 된단다. 내가 하늘의 황소를 풀어 주면 우루크는 7년 동안 가뭄이 들 것이고, 수확은 실패할 거야. 무고한 사람들이 굶주리고, 그들 중 많은 사람들이 죽게 되지. 네가 일으킬 고통에 대해 생각해 보았느냐?"

"그 도시의 상점들은 상품들로 가득합니다." 이슈타르가 말했습니다. "사람들이 먹을 곡식이 많고, 짐승들에게는 건초가 많아요. 만약 아버지가 제 소원을 들어주지 않는다면 전 지옥의 문을 부수고 세상에 죽은 사람들의 영혼을 풀어 놓을 거예요."

강력한 아누도 자신의 딸이 냉혹한 위협과 함께 뿜어내는 뼈에 사무치는 말을 듣고 몸을 부르르 떨었습니다. 그는 이슈타르가 결코 뜻을 굽히지 않고 자기 마음대로 할 것임을 알고 있었습니다. 그래서 무거운 마음으로 하늘의 황소를 풀어 딸에게 주고 우루크의 입구로 인도했습니다.

길가메시와 황소

도시에서는 깊은 불안이 엄습한 후 곧 심장을 멈추게 하는 공포가 그 자리를 대신했습니다. 문 앞에서는 세상의 종말이 왔다고 울부짖는 경비병들의 함성이 들려왔습니다. 이슈타르가 코끼리 떼만큼 큰 황소를 이끌고 강으로 내려가는 것을 길가메시와 엔키두는 도시 성벽 높은 곳에서 공포에 질린 표정으로 지켜보았습니다. 황소가 콧김을 내뿜자 건물들이 흔들리더니 무너져 내렸습니다. 또한 발을 구르자 땅이 갈라지고 그 틈새로 수백 명이 떨어졌습니다.

엔키두는 번개처럼 빠르게 벽에서 뛰어내려 이 괴물 같은 황소의 뿔 사이로 내려앉았습니다. 황소는 울부짖으며 마구 발길질을 해 댔지만 엔키두는 온 힘을 다해 떨어지지 않고 버텼습니다. 길가메시도 손에 칼을 들고 그들 곁에 뛰어내렸습니다.

"빨리!" 엔키두가 외쳤을 때 황소가 밧줄처럼 굵은 꼬리로 그를 때렸습니다. "지금이 우리의 이름을 알릴 기회야. 놈의 목과 뿔 사이를 내려쳐." 길가메시가 황소에게 칼을 내리치자 빛이 번쩍이며 커다란 소리가 났습니다. 황소는 깜짝 놀라 입에 거품을 물고 비틀거리며 몸을 부르르 떨다가 피를 흘리며 땅에 떨어져 죽었습니다.

도시에서 들려오는 환호성 속에는 이슈타르의 증오에 찬 울부짖음도 섞여 있었습니다. 그녀는 황소를 죽인 길가메시와 엔키두를 저주하고 우루크에 여러 해 동안 가뭄이 들도록 주술을 부렸습니다.

길가메시는 이슈타르의 울부짖음에도 아랑곳없이 청금석으로 도금된 황소의 커다란 뿔에 감탄하며 그 사체 옆에 섰습니다. 그는 재빨리 왕실의 무장 기사에게 뿔을 잘라 내라고 명령했습니다. 그런 다음 그것을 기름에 재워 신들에게 바쳤습니다. "오늘부터 이 황소 뿔은 내 궁전에 걸려 이 순간을 기억하게 해 줄 것이다." 길가메시가 말했습니다. "내가 하늘의 황소를 죽이고, 영웅들 가운데서 나의 정당한 지위를 차지했기 때문이다."

그날 저녁, 궁전에서는 성대한 잔치가 열렸고 이는 밤늦도록 계속되었습니다. 하지만 이슈타르는 흉벽 위에 서서 울부짖으며 복수를 계획했습니다.

그날 밤, 잠이 든 엔키두는 무서운 악몽에 시달리며 깨어나지 못했습니다. 꿈속에서 신

길가메시와 황소

들은 회의를 열고 하늘의 황소를 죽인 벌로 길가메시나 엔키두를 죽여야 한다고 판결했습니다. 엔키두는 항의를 하고자 계속해서 팔을 들어 올리려고 했지만 꼼짝도 할 수 없었습니다.

그 이후부터 엔키두는 몸에서 땀이 쏟아질 정도로 열이 올랐습니다. 길가메시는 이를 무기력하게 바라보며 아무런 도움도 주지 못했습니다. 엔키두의 두개골은 칼에 찔린 듯 날카로운 통증으로 욱신거리다가 쪼개졌습니다. 그는 가장 친한 친구인 길가메시가 울부짖는 가운데 죽음을 맞았습니다.

몇 날 며칠을 슬픔에 잠겨 있던 길가메시는 옷을 찢고 머리카락을 쥐어뜯었습니다. 엔키두의 죽음을 지켜본 그는 자신도 죽음을 맞이할 것을 두려워하다 영원한 생명의 비밀을 찾기 위해 우루크를 떠나기로 결심했습니다. 그러려면 신들에게 불멸의 생명을 부여받은 유일한 인간인 우트나피슈팀을 찾아야만 했습니다. 그를 찾기 위한 여정은 길고 끔찍했지만 마침내 길가메시는 죽음의 물을 건너 시간보다 더 나이가 많은 노인을 발견했습니다.

"위대한 우트나피슈팀이여, 나는 불과 서리를 헤치고 멀리서 왔습니다." 길가메시가 말했습니다. "나는 악마와 싸웠습니다. 당신을 찾기 위해서였지요. 영생의 비밀을 말해 주십시오. 간청합니다. 나는 죽고 싶지 않습니다. 그럴 수 없어요."

현명한 우트나피슈팀은 천천히 머리를 흔들었습니다. "길가메시여, 그대는 강한 왕이오." 그가 말했습니다. "하지만 강한 왕도 언젠가는 죽어야 하는 법이오. 신들은 당신이 영원히 사는 것을 원하지 않소. 그들의 방식도 아니라오. 길든 짧든 간에 시간을 최대한 활용해야 하오. 그러니 그대의 소원을 들어줄 수 없소. 대신 비밀을 하나 말해 주겠소. 바다 밑에 뾰족한 가시가 무성한 식물이 자라고 있소. 그것을 찾는다면 다시 젊어질 힘이 생길 것이오."

길가메시는 즉시 흘러가는 물살을 타고 먼 바다로 떠났습니다. 그곳에서 바닷속으로 점점 더 깊이 잠수했습니다. 물살에 휩쓸리지 않게 발목에 바위를 묶은 상태에서 그는 녹색 잎과 가시로 뒤엉킨 마법의 식물을 발견했습니다. 그는 급히 그것을 움켜쥐고 숨을 쉬지 못해 가슴이 터지기 직전에 간신히 수면 위로 나왔습니다.

길가메시와 황소

길가메시는 이제 가뭄에 시달리는 우루크로 돌아가 왕으로서의 정당한 자리를 차지할 때가 되었다고 생각했습니다. 그의 백성들은 고통을 받고 있었습니다. 백성들을 지켜 줘야 했을 때 그들을 버렸기 때문이었습니다. 그래서 그는 긴 여행을 시작했습니다. 여행길에 지칠 무렵 시원한 물웅덩이를 발견한 그는 조심스럽게 식물을 내려놓고 목욕을 하기 시작했습니다. 그가 달콤한 고향의 꿈을 꾸고 있을 때 뱀이 혀를 날름거리며 바위틈에서 살금살금 기어 나와 식물을 흔적도 없이 먹어 치우고 말았습니다.

길가메시는 절망에 빠져 눈물을 흘렸습니다. 결국 그의 여행은 헛수고가 되었던 것일까요? 최선을 다한 노력이 정말 아무런 보상도 없이 끝나 버린 것일까요? 하지만 우루크에 도착한 길가메시는 자신이 사랑하는 도시의 친숙한 지붕과 집을 보고 마침내 지혜로운 우트나피슈팀 노인의 말이 진실임을 깨달았습니다. 이날부터 그는 하루하루를 더 열심히 살고, 나라를 더 잘 다스리고, 자신의 가장 친한 친구인 엔키두를 기억하며 길든 짧든 상관없이 지상의 시간을 최대한 알차게 살았습니다.

큰개자리

하늘로 올라간 개
인도 전설의 비밀

밤하늘에서 가장 밝은 별은 큰개자리인 시리우스입니다. 시리우스는 매년 고대 이집트의 나일강이 범람하고, 고대 그리스의 가장 더운 여름날들을 기록한 별입니다. 또한 고대 인도에서 이 별은 왕의 친절함을 시험하기 위해 신들이 보낸 개 스바나로 알려져 있습니다.

유디슈티라는 오랜 세월 동안 자신의 왕국을 현명하게 잘 다스렸습니다. 그는 왕의 임무에 충실했고, 착하고 겸손하기까지 해서 백성들의 사랑을 한 몸에 받았습니다. 하지만 오랜 세월 전쟁으로 인한 왕국의 피해는 컸습니다. 그는 늙고 지친 기분이 들었고, 삶에 대한 애착도 거의 사라져 갔습니다.

유디슈티라의 네 동생도 덩달아 같은 생각이 들었습니다. 이들은 모두 일상에서의 세속적인 삶을 포기하고 눈 덮인 히말라야산맥의 높은 곳에 있는 천국으로 갈 때가 왔다고 여겼습니다. 유디슈티라는 손자에게 왕위를 맡겼고, 이날을 기념하기 위해 웅장하고 빛나는 대관식이 열렸습니다.

작별 인사를 마친 그와 그의 형제들이 왕국을 떠날 때가 되었습니다. 맨발에 흰옷을 입은

하늘로 올라간 개

그들은 마지막이자 가장 위대한 여정에 나섰습니다.

그들이 산에 도착했을 때 작은 갈색 개 한 마리가 따라오며 그들의 여정에 합류했습니다. 어디서 왔는지 아무도 몰랐지만 그 개는 그들을 충실히 따랐고, 특히 유디슈티라 왕의 곁을 떠나지 않았습니다. 형제들은 그 개에게 '스바나'라는 이름을 지어 주고 충성에 대해 10배의 사랑을 베풀었습니다.

산에 높이 오를수록 몸은 점점 더 힘들어졌습니다. 비탈은 가팔랐고, 공기는 희박했으며, 형제들은 늙고 몸도 허약했습니다. 그들은 차례로 길가에 쓰러져 죽었고, 유디슈티라 왕만 남게 되었습니다. 그는 충성스러운 갈색 개만 데리고 있는 힘을 다해 점점 더 높은 봉우리들을 향해 올라갔습니다.

마침내 유디슈티라와 갈색 개는 세상의 지붕에 이르렀습니다. 그는 그곳에서 보이는 광경에 숨이 멎을 것 같았습니다. 그곳은 사방으로 눈 덮인 봉우리들과 햇빛을 받아 반짝이는 절벽이 펼쳐져 있었습니다. 저 멀리 그늘진 계곡에서는 흐르는 강물이 햇빛에 반짝거렸습니다. 눈처럼 밝은 이 풍경 속에서 한 인물이 훨씬 더 찬란한 빛을 뿜으며 떠올랐습니다. 다이아몬드와 진주로 장식된 눈부시게 화려한 전차를 탄 하늘의 왕 인드라 경이었습니다. "잘 왔다, 유디슈티라." 그가 말했습니다. "왜 이렇게 오래 걸렸지? 나는 네가 오기를 기다리고 있었다." "신이여, 용서해 주십시오." 유디슈티라가 대답했습니다. "저는 제 길을 가고 있지만 늙고 굼뜹니다."

"이리 와서 내 마차에 올라타라." 인드라가 말했습니다. "내가 직접 너를 천국으로 데려다 주마." 유디슈티라는 안도감을 느꼈습니다. 그만큼 길고 힘든 여정이었고 지쳤던 것입니다. 그가 마차에 올라타자 갈색 개도 그의 옆으로 뛰어올랐습니다. "아니, 개는 안 돼." 인드라가 말했습니다. "천국에는 개를 위한 공간이 없거든."

"그러면 제가 탈 공간도 없습니다." 유디슈티라가 슬픈 목소리로 말했습니다. "다른 형제들을 잃는 동안 이 개가 저의 충실한 동반자였습니다. 저는 이 개를 버리지 않을 것입니다." 유디슈티라가 마차에서 내려오려고 스바나를 부르며 찾았지만 개는 어디에도 보이지 않았습니다.

하늘로 올라간 개

"저 작은 개는 그대의 아버지인 달마 경이었다." 인드라는 어리둥절한 유디슈티라 왕을 향해 미소를 지으며 말했습니다. "그대의 친절함을 시험하기 위해 보내졌고 잘 통과했다. 선함은 가장 겸손한 행동과 가장 강력한 행동에 모두 있는 것이다."

유디슈티라 왕은 인드라 경의 마차에 올라 하늘을 뚫고 하늘나라로 달려갔습니다. 그리고 그의 충실한 개 스바나는 별들 사이에서 높은 곳을 차지하는 명예를 얻었습니다.

백조자리와 은하수

까치가 만든 다리(오작교)

중국 전설의 비밀

반짝이는 별들의 강이 양쪽으로 나뉜 은하수에서는 하늘에서 가장 밝은 두 개의 길잡이 별, 견우성과 직녀성이 빛나고 있습니다. 일 년에 딱 한 번 까치 다리를 건너 만나는 이 두 별은 엇나간 영원한 사랑 이야기를 담고 있습니다.

아주 먼 옛날, 두 형제가 말다툼을 벌였습니다. 형은 동생을 집에서 내쫓았고, 동생인 소년은 이곳저곳을 헤매며 돌아다녔습니다. 그러다 한 친절한 농부가 길에서 자며 굶주리던 그를 집으로 데려가 늙은 소를 돌보는 일을 맡겼습니다. 목동이 된 소년은 견우라고 불리며 소와 가장 가까운 친구가 되었습니다. 그들은 매일 언덕을 돌아다녔고, 매일 밤 외양간의 짚 위에서 잠을 잤습니다.

몇 년이 지난 어느 날 놀랍게도 소가 견우를 향해 고개를 돌리며 굵고 낮은 목소리로 말을 건넸습니다. "친구야, 너는 나를 정성으로 보살펴 주었지만 나는 늙었고 이제 이승에서의 시간은 거의 다 되었어. 나는 곧 하늘로 돌아가서 별들 가운데 내 정당한 자리를 차지해야 해. 하지만 가기 전에 네가 결혼하는 것을 보고 싶구나." 견우는 어떻게 대답해야 할지

몰라 당황했습니다. 결혼할 사람은커녕 아는 여자가 한 명도 없었기 때문입니다.

"내 말 잘 들어." 별에서 태어난 소가 말을 이었습니다. "어떻게 해야 하는지 말해 줄게. 오늘은 신과 인간의 세계가 만나는 일곱 번째 달 일곱 번째 날이야. 오늘 밤 베를 짜는 일곱 명의 선녀들이 강에서 물놀이를 하기 위해 하늘에서 땅으로 내려올 거야. 그중 일곱째 선녀는 붉은 옷을 입고 있어. 강가에 내려가서 그 선녀의 옷을 훔치렴. 그러면 그 선녀는 너와 결혼하게 될 거야. 내 말을 명심해, 너무 늦기 전에 가야 해." 견우는 너무 놀란 나머지 말이 나오지 않았습니다.

늙은 소가 일러 준 대로 그날 저녁 강둑으로 가 나무 뒤에 숨어 기다려 보니 아니나 다를까, 베를 짜는 일곱 선녀가 보였습니다. 이들은 물속에서 첨벙거리며 물놀이를 했습니다. 견우는 소가 알려 준 대로 살금살금 다가가 일곱째 선녀의 붉은 옷을 훔쳤습니다. 저녁이 되자 선녀들은 다시 하늘로 올라가 베를 짜 화려한 색깔의 구름을 만드는 일을 해야 했습니다. 하지만 일곱째 선녀는 자신의 옷을 찾을 수 없었고, 나머지 선녀들은 하는 수 없이 막

내를 남기고 하늘로 올라갔습니다.

그녀가 실망한 얼굴로 혼자 남겨진 것을 보고 견우는 나무 뒤에서 나왔습니다. 견우가 더듬거리며 말했습니다. "하늘의 가장 아름다운 딸이시여, 나와 결혼해 주신다면 당신의 날개옷을 돌려 드리겠습니다." 화가 난 막내 선녀는 처음에는 거절했지만 견우가 친절하고 충실한 사람이라는 것을 깨닫고 마침내 그의 아내가 되겠다고 말했습니다. 그래서 언니들은 하늘로 돌아갔지만, 그녀는 직녀라는 이름으로 지상에 남아 남편과 함께 살았습니다.

두 사람은 서로를 무척 아끼고 사랑했고, 두 아이가 태어나자 행복이 더욱 가득해졌습니다. 하지만 슬프게도 이 사랑은 지속될 운명이 아니었습니다. 옥황상제의 부인인 서왕모는 막내딸이 실종됐다는 사실을 알고 격노했습니다. 그녀는 온 지상을 샅샅이 살핀 끝에 마침내 딸이 어디에 있는지 알게 되었습니다. "이것은 금지된 일이다." 서왕모가 소리쳤습니다. "하늘의 선녀는 지상의 사람과 결혼하지 않는 법이다. 나는 결코 이를 허락할 수 없어." 그녀가 소리를 지르자 천둥이 하늘을 갈랐습니다.

까치가 만든 다리(오작교)

화가 난 서왕모는 직녀에게 줄 편지를 써서 하늘나라의 경비병들을 지상으로 내려보냈습니다. 편지에는 즉시 하늘로 돌아와 베 짜는 임무를 맡아야 한다는 내용이 담겨 있었습니다. 그렇게 하지 않으면 지상의 가족이 죽음을 맞게 될 것이라고 위협했습니다.

마음이 무너져 내렸지만 직녀에게는 선택의 여지가 없었습니다. 어머니의 말을 따라야 했던 것입니다. 그녀는 눈물을 흘리며 남편과 아이들에게 작별을 고하고 경비병들을 따라 하늘로 떠났습니다.

견우는 아내를 따라가기로 마음먹었습니다. 그는 아들과 딸을 바구니 두 개에 싣고 자신의 충실한 소의 등에 올라탔습니다. 소는 하늘 높이 날아올라 그들을 서왕모의 궁전으로 데려갔습니다. 견우는 옥으로 만든 서왕모의 왕좌 앞에서 무릎을 꿇고 애처롭게 말했습니다. "서왕모님, 간청 드립니다. 제 아내를 만나게 해 주세요. 우리는 결혼해서 행복하게 잘 살고 있었습니다. 제발 우리를 갈라놓지 말아 주세요."

서왕모는 천둥을 울릴 때처럼 사나운 표정을 짓더니 아무 말도 하지 않고 가만히 자신의 머리카락으로 손을 뻗어 빛나는 은빛 비녀를 뽑았습니다. 그리고 단 한 번의 재빠른 동작으로 하늘을 향해 은비녀를 휙 던져 거대한 은빛 별들의 강을 둘로 찢어 놓았습니다. 그런 다음 강 한쪽에는 슬픔에 잠긴 직녀를, 다른 한쪽에는 견우를 놓아 두고 영원히 떨어져 지내도록 만들었습니다.

매정한 서왕모는 매년 음력 7월 7일, 단 하루만 그들에게 자비를 베풀고 있습니다. 이날이 되면 지상의 모든 행운을 모으고 다니는 까치는 하늘로 날아가 은하수 사이의 강을 가로지르는 마법의 다리를 놓습니다. 이 다리 위에서 견우와 직녀는 다시 만날 수 있습니다.

은하수

별들을 실은 카누
마오리족 전설의 비밀

밤새 뿌려진 하늘의 별 가루는 찬란한 빛의 띠를 만들어 냅니다. 그 안에는 수많은 별들이 있는데 자세히 들여다보면 카누 모양의 배가 하늘의 바다를 평화롭게 항해하는 모습을 볼 수 있습니다.

멀고 먼 옛날, 밤하늘에는 별이 하나도 없었습니다. 어둠이 너무 깊어서 사람들은 움직일 때마다 무언가에 부딪힐 수밖에 없었습니다. 어둠 속에서 유일한 길잡이가 되어 준 것은 자연의 수호신 타니화들이었습니다. 이들은 낮에는 동굴과 웅덩이에 숨어 지내고, 밤이 되면 어둠 속에 숨어 있다가 먹잇감을 사냥했습니다. 심지어 인간까지도 이들에게 잡아먹혔습니다.

사람들 가운데 타마레레티라고 불리는 용감한 전사가 있었습니다. 어느 따뜻하고 화창한 날 아침, 그는 집 근처의 호수로 낚시를 가기로 했습니다. 그는 낚싯줄과 미끼를 카누에 실었고, 얼마 안 가서 자신이 가장 좋아하는 낚시터에 도착했습니다.

몇 시간 후 그는 바구니에 물고기를 가득 채우고 집으로 향했습니다. 바람이 살살 불어

오자 타마레레티는 피곤이 몰려들었습니다. 그는 카누 바닥에 누워 졸다가 잔잔한 파도 소리와 함께 잠이 들었습니다.

몇 시간 동안 푹 자던 타마레레티는 잠에서 깨 화들짝 놀랐습니다. 그가 자는 사이 그의 카누는 산들바람에 실려 호수의 반대편 끝까지 조용히 떠내려갔습니다. 이미 집에서도 멀리 떨어져 있었고, 하루는 저물어 가고 있었습니다.

땅거미가 지기 전에 집으로 돌아가기는 틀렸고, 땅거미가 지고 나면 타니화들이 떠돌아다닐 것이 분명했습니다. 타마레레티는 힘을 모아야 했습니다. 일단 배가 고파졌기에 카누를 끌고 근처 해변으로 가서 부드러운 은빛 조약돌 위에 물고기를 놓아 두고 불을 붙여 요리를 했습니다. 그의 눈에는 반짝이는 조약돌의 빛과 춤추는 불길이 들어왔습니다.

그러는 동안 밤이 빠르게 내려앉았습니다. 타마레레티는 빨리 계획을 세워야 했습니다.

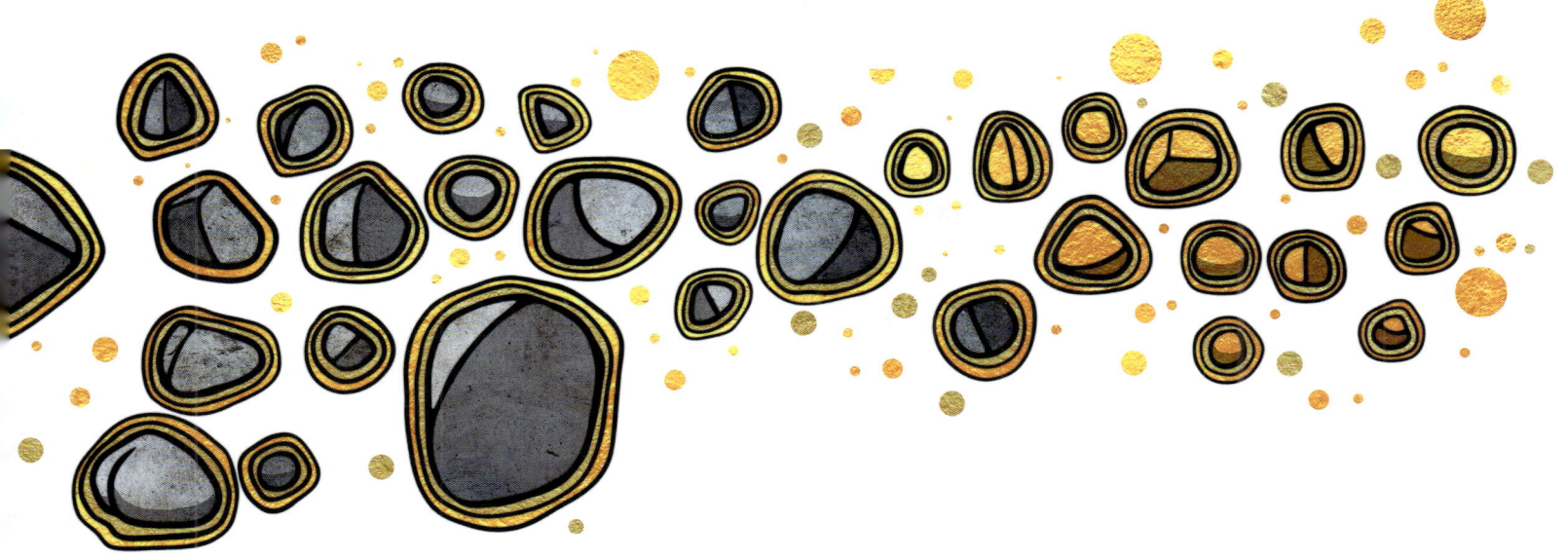

그때 번뜩 좋은 생각이 떠올랐습니다. 그는 카누에 될 수 있는 한 반짝이는 조약돌을 많이 싣고 해안에서 밀어냈습니다. "집에 가는 대신 하늘로 흘러드는 큰 강을 따라 항해를 해야겠어." 그가 혼잣말처럼 중얼거렸습니다.

태양이 지평선 아래로 미끄러져 들어가고 어둠의 담요가 지구 위를 덮었을 때, 타마레레티는 카누의 뱃머리를 하늘 위의 강으로 향하게 돌려 세웠습니다. 그리고 배를 저어 가면서 자갈을 한 움큼씩 집어 사방에 흩뿌렸습니다. 그것이 수많은 별이 되었습니다. 그는 이 별들이 만들어 낸 총총한 횃불을 통해 사방을 볼 수 있었고, 날이 밝기 전에 집으로 가는 길도 찾게 되었습니다.

타마레레티가 마침내 집에 도착했을 때 하늘의 신 랑기누이가 그를 기다리고 있는 것이 보였습니다. 그는 용감한 전사였지만 랑기누이가 하늘을 어지럽힌 자신을 꾸짖으러 온 것 같아 겁이 났습니다. 하지만 사실 위대한 신 랑기누이는 하늘이 빛으로 밝아지는 것을 보고 흡족해했습니다.

랑기누이가 말했습니다. "너의 빠른 판단력 덕분에 지상이 더 안전해졌을 뿐만 아니라 밤하늘도 전보다 더 아름다워졌다. 사람들이 항상 네가 한 일을 기억할 수 있도록 너의 카누는 이제 영원히 별들 사이에 놓일 것이다." 그렇게 해서 타마레레티의 카누는 오늘날까지도 밤새도록 평화롭게 밤하늘을 항해하고 있는 것입니다.

오리온자리

히나와 상어

통가 전설의 비밀

태평양 위 높은 상공에는 반짝이는 물고기가 만들어 내는 물길을 따라 빈 카누가 하늘의 바다를 우아하게 가로질러 나아갑니다. 이 배의 승객들은 바다 깊숙한 곳에서 산호초 위에 누워 파도에 넘실거리고 있습니다.

★ ★ ★

통가섬에서는 어느 귀족 집안의 아름다운 소녀와 그녀가 사랑했던 잃어버린 상어에 대한 이야기가 전해집니다. 이 소녀의 이름은 히나였고, 먼 옛날 세 오빠와 함께 좋은 집에서 살았습니다. 그녀의 부모는 외동딸인 히나를 귀여워했고 그녀가 원하는 모든 것을 가질 수 있게 해 주었습니다.

어느 날 오빠들은 아버지와 함께 카누를 타고 낚시를 하러 나갔다가 암초 위에서 아기 상어를 잡았습니다. 이 지역에서는 상어가 두려움의 대상인 동시에 존경의 대상이었습니다. 상어가 신이 주신 선물이라고 생각되었기 때문입니다. "상어를 죽이지 마라." 한 명의 아들이 상어를 향해 창을 들자 아버지가 소리쳤습니다. "히나에게 애완동물로 주기로 하자."

해안에 도착한 그들은 암초의 수로를 차단해 수영장을 만들었습니다. 그곳에서 상어는

히나와 상어

헤엄치며 놀았고, 히나는 먹이를 주러 올 수 있게 되었습니다. 히나는 상어와 친구가 되어 매일 이야기를 나누었고, 상어가 헤엄쳐 지나가면 회색 머리를 쓰다듬어 주었습니다. 상어는 날마다 무럭무럭 자랐고, 히나는 그런 상어를 더욱 좋아하게 되었습니다.

그러던 어느 날 저녁, 하늘이 어두워지더니 바람이 세차게 불며 사나운 폭풍이 히나의 섬으로 들이닥쳤습니다. 사람들은 서둘러 도망쳤습니다. 사나운 파도가 바닷가로 밀려와 암초를 부수자 상어가 사라졌습니다. 어떤 사람들은 상어가 바다로 휩쓸려 갔다고 말했습니다. 또 어떤 사람들은 상어가 자유를 찾아 도망친 것이라고 말했습니다.

히나의 슬픔은 이루 말할 수 없이 컸습니다. 그녀는 며칠 동안 몹시 울었습니다. 절망에 빠진 그녀는 부모에게 가서 카누를 타고 나가 자신의 사랑하는 애완동물을 찾아 달라고 간청했습니다. 그래서 엄마, 아빠, 히나 세 사람은 이제 겨우 잠잠해지기 시작한 바다로 나아갔습니다. 그들은 바다 곳곳을 살피며 항해를 했습니다. 그러다가 마침내 바다 깊은 곳에서 상어의 지느러미를 발견했습니다. 그것이 누구의 지느러미인지는 의심할 여지가 없었습니다. 히나는 즉시 자신의 상어를 알아보았습니다.

"상어야, 나와 함께 집으로 돌아가자." 히나가 말했습니다. "너를 위해 다른 수영장을 만들어 줄게." 하지만 먼 바다를 가로질러 자유롭게 헤엄치는 자유를 맛본 상어는 집으로 돌아가려고 하지 않았습니다. 상어와 다시 헤어지는 것을 참을 수 없었던 히나는 폭풍우가 몰아칠 때 상어가 숨을 바위가 되기 위해 카누에서 바다로 뛰어내렸습니다. 그러자 그녀를 사랑했던 그녀의 부모도 그 뒤를 따랐습니다. 이렇게 해서 홀로 남겨진 카누는 하늘로 올라가 오리온의 허리띠가 되었습니다.

플레이아데스

일곱 자매 이야기
호주 원주민 전설의 비밀

플레이아데스의 일곱 개의 밝은 별은 어둠 속에서 타오르는 등불처럼 빛나고 있습니다. 호주 원주민들 사이에서는 이 별들이 한때 지상에 살던 일곱 자매였고, 빛을 내는 존재로 변모했다는 이야기가 전해지고 있습니다.

아주 오래전, 인간의 조상이 창조한 가장 행복했던 꿈의 시대에 영혼들이 땅 위를 돌아다닐 때, 카라트구르크라고 불리는 일곱 자매가 살았습니다. 이들은 큰 비밀을 하나 갖고 있었습니다. 일곱 자매는 끝에 불타는 석탄이 달린 막대기를 가지고 다니며 불을 피웠습니다. 일곱 자매는 불을 가까이 두고 지키는 일을 했습니다. 많은 사람들과 동물들이 그들의 비밀을 몹시 알고 싶어 했지만, 그들은 아무에게도 말해 주지 않았습니다. 불은 몸을 따뜻하게 유지하는 데에는 물론, 매일 아침 땅에서 파낸 얌을 요리하는 데에도 사용되었습니다.

  어느 날 교활한 늙은 사기꾼인 까마귀가 가까이 다가와 일곱 자매가 요리한 얌을 훔쳤습니다. 그것은 이제껏 먹어 본 그 어떤 것보다도 맛이 있었습니다. 그는 일곱 자매에게 불을 피우는 방법을 알려 달라고 간청했지만, 일곱 자매는 이를 거절하고 그를 내쫓았습니다.

일곱 자매 이야기

화가 난 까마귀는 길길이 뛰며 거칠게 꽥꽥거리다가 온갖 속임수를 동원해 비밀을 훔치고야 말겠다고 다짐했습니다. 교활한 까마귀는 날카로운 검은 부리로 뱀을 몇 마리 잡아 개미굴 안에 숨겼습니다. 그러고 나서 자신이 발견한 것을 보여 주겠다며 일곱 자매를 불렀습니다. "내가 뭘 찾았는지 좀 봐." 까마귀가 으스대며 말했습니다. "가장 크고 즙이 많은 꿀개미야. 세상에서 가장 맛있는 꿀개미들이 여기 가득 있어."

일곱 자매는 막대기로 땅을 파기 시작했습니다. 꿀개미는 그녀들이 가장 좋아하는 음식이었기 때문입니다. 하지만 땅을 파내자 뱀들이 기어 나와 쉬쉬 소리를 내며 그녀들을 물었습니다. 일곱 자매는 비명을 지르며 뱀들을 세게 내리쳤습니다. 그 바람에 빨갛게 달아오른 석탄이 막대기에서 떨어져 날아가 버렸습니다. 까마귀의 속임수가 통했던 것입니다!

까마귀는 재빨리 석탄을 집어 들어 캥거루 가죽 가방에 숨겼습니다. 일곱 자매는 곧 겁에 질려 까마귀를 뒤쫓아 갔습니다. 하지만 불타는 석탄을 손에 넣은 까마귀는 날개를 퍼덕이며 키 큰 나무 꼭대기로 날아갔습니다. "까마귀 형제여, 나에게도 석탄을 좀 주게나. 이 주머니쥐를 요리할 수 있게 말이야." 이 모든 것을 지켜본 수리매가 까마귀에게 말했습니다. 그러자 까마귀가 대답했습니다. "수리매 형제여, 그 주머니쥐를 내게 넘겨라. 내가 대신 요리를 해 줄 테니."

이내 불의 비밀이 밝혀지는 바람에 수많은 동물들이 까마귀 주위로 모여들어 불을 나눠 달라고 요구했습니다. 점점 더 시끄러워지자 놀란 까마귀는 나머지 석탄을 동물들 무리에 던졌습니다. 덤불 속으로 떨어진 석탄은 쉿쉿 소리를 내며 큰불을 내기 시작했습니다. 이때 그을음 때문에 까맣게 변한 까마귀의 깃털은 오늘날까지고 그 모습을 간직하고 있습니다. 석탄이 만들어 낸 불은 굉음을 내며 땅을 파괴하겠다고 위협하다가 비가 와서 겨우 꺼졌습니다. 하지만 불을 만드는 일곱 자매의 비밀은 영원히 사라졌습니다. 카라트구르크 자매들은 하늘로 휩쓸려 올라갔고, 그들의 빛나는 막대기는 일곱 개의 밝게 빛나는 별이 되었습니다.

태양

에뮤의 알과 태양
호주 원주민 전설의 비밀

아주 먼 옛날, 지구에 사람들이 살기 전에는 지금보다 훨씬 큰 동물들과 새들이 있었습니다. 하늘에서는 태양이 빛나지 않고 오직 달과 별들만 빛나고 있었습니다.

어느 날 하늘 아래 대평원에서 끔찍한 소동이 벌어졌습니다. 에뮤인 디네완과 학인 브롤가가 깃털을 풀풀 날리며 서로 싸우고 꽥꽥거리며 비명을 질렀던 것입니다. 분노에 휩싸인 브롤가는 땅이 움푹 패어 있는 디네완의 둥지로 달려가 커다란 알 중 하나를 부리로 잡았습니다.

브롤가는 온 힘을 다해 그 알을 하늘 높이 던졌습니다. 알은 커다란 장작더미 위에 떨어져 금이 가더니 노른자를 쏟아냈고 그 때문에 장작더미는 더 큰 불길에 휩싸였습니다. 그 아래 있던 세상도 덩달아 불길에 휩싸였고, 침침한 빛 속에서 살던 동물들은 불타는 빛 때문에 눈이 부셨습니다. 태양은 이렇게 생겨났습니다.

구름 인간인 응우덴아웃은 하늘이 불타고 있을 때 지구가 얼마나 아름다운지 보게 되었습니다. 그가 말했습니다. "나는 매일 불을 피울 것이다. 그래서 다시는 날이 어두워지지 않게 할 것이다." 응우덴아웃은 불이 꺼져 가는 밤이면 숲으로 들어가 나무를 모아 장작더미를

에뮤의 알과 태양

쌓았습니다. 장작더미가 충분히 쌓이면 샛별을 내보내 불이 곧 밝혀질 것이라고 지상의 사람들에게 알리고 새벽하늘을 분홍빛으로 물들였습니다. 하지만 샛별만으로는 충분히 빛나지 않았습니다.

잠을 자고 있던 사람들은 이 샛별을 보지 못했고, 아침이 오는 것을 보고도 일어나지 않았습니다. 그래서 정령들은 잠든 사람들을 깨울 큰 소음을 내고 매일 새로운 날을 알려 주기로 했습니다.

오랜 시간 동안 그들은 어떤 소음이 가장 좋을지 토론을 벌였습니다. 그러던 어느 날 아침, 그들은 공중에서 울려 퍼지는 쿠카부라 새의 웃음소리를 들었습니다. "바로 이것이 우리가 필요로 하는 소음이다." 그들은 합의했습니다. "깊이 잠든 사람도 이 소리에 바로 깨어날 것이다." 그래서 그들은 쿠카부라에게 매일 아침마다 샛별이 희미해지면 가장 큰 소리로 웃으라고 지시했습니다. 만약 그렇게 하지 않으면 태양의 불이 꺼져서 지상은 또다시 침침한 어둠 속에 빠지고 말 것이었습니다.

의기양양한 쿠카부라는 한 번도 실패하지 않았고, 오늘날까지도 동이 트기 전 한 시간 동안 가장 큰 소리로 웃고 있습니다. "구구르까까! 구구르까까!" 쿠카부라는 세상을 위해 태양을 구하는 노래를 부릅니다. 그리고 응우덴아웃은 여전히 매일 불을 피웁니다. 처음에는 높은 열을 내지 않지만 정오가 되면 나뭇가지에 불이 붙을 정도로 더위가 심해집니다. 그 후 열기는 서서히 사라지며, 저녁 무렵이면 빛이 사라지고 밤이 지상의 하늘에 내립니다. 그런 다음 응우덴아웃은 다음 날 불을 붙일 준비를 하고 빛나는 불씨를 구름으로 덮습니다.

은하수

하늘의 에뮤
호주 원주민 전설의 비밀

하늘에서 남십자자리를 바라보면 긴 다리를 가진 얼룩무늬의 에뮤를 발견할 수 있습니다. 별들 사이의 먹구름은 에뮤의 머리입니다. 에뮤의 목, 몸, 다리는 별의 강을 가로질러 뻗어 있는 먼지 자국이 모양을 이루고 있습니다.

★ ★ ★

아주 오래전, 인간의 조상이 창조한 가장 행복했던 꿈의 시대에 거대한 바람이 휘몰아치자 에뮤는 하늘 높이 날아갔습니다. 에뮤는 넓은 공간을 헤매며 쉴 곳을 찾아다녔습니다. 처음 발견한 곳은 초승달의 완만하고 움푹 파인 공간이었는데, 시간이 지날수록 달은 살이 쪄서 에뮤를 둥지 밖으로 밀어냈습니다.

그다음 에뮤는 별들이 모여 있는 곳으로 가서 함께 지낼 수 있는지 물었습니다. 별들은 에뮤의 운명을 결정하기 위해 회의를 소집했습니다. 별들은 심사숙고 끝에 마침내 에뮤에게 한 가지 조건을 걸며 머물 수 있게 해 주었습니다. 그 조건은 에뮤가 무거운 짐을 지는 일을 도와야 한다는 것이었습니다.

에뮤는 지상으로 돌아갈 방법이 없었습니다. 산들바람을 타고 하늘로 올라갔지만 날 수

하늘의 에뮤

가 없어서 다시 내려올 수도 없었습니다. 선택의 여지가 없었던 에뮤는 결국 별들의 제안을 받아들였습니다. 에뮤는 쉴 곳을 제공받는 대가로 별들이 하늘을 떠받치는 일을 도와야 했습니다. 별들은 하늘에서 별들이 가장 많이 모여 무거운 짐을 짊어질 공간을 내주었습니다. 또 별들은 서로 뒤섞이고 밀치며 어둠 속에서 에뮤가 머물 자리를 만들어 주었습니다.

　에뮤는 오늘날까지 그곳에 남아 있습니다. 때때로 별들은 에뮤의 힘을 시험해 보곤 합니다. 별들은 점점 더 멀어지고 점점 더 고요해지기 때문에 에뮤는 등에 더 많은 짐을 짊어져야만 합니다. 우르릉거리는 천둥소리를 가만히 들어 보면 에뮤의 신음 소리와 투덜거리는 소리가 들리기도 합니다. 그리고 이따금 따분해진 에뮤는 하늘을 약간 내려앉게 하거나, 별들을 지구 쪽으로 쏘아 보내기도 합니다.

별들의 이야기

1판 1쇄 인쇄 2021년 7월 10일
1판 2쇄 인쇄 2021년 11월 1일

지은이 애니타 개너리
그린이 앤디 윌크스
옮긴이 김정한
펴낸이 여종욱

책임편집 권영선
디 자 인 다성

펴낸곳 도서출판 이터
등 록 2016년 11월 8일 제2016-000148호
주 소 인천시 중구 은하수로229
전 화 032-746-7213 **팩 스** 032-751-7214 **이메일** nuri7213@nate.com

한국어 판권 ⓒ 이터, 2021, Printed in Korea.

이 책은 저작권법에 따라 보호를 받는 저작물이므로 무단 전재와 복제를 금지하며,
이 책의 내용의 전부 또는 일부를 이용하려면 반드시 저작권자와 이터의 서면 동의를 받아야 합니다.

ISBN 979-11-89436-26-1 (73300)

놀이터는 이터의 어린이 출판 브랜드입니다.

값은 뒤표지에 있습니다.
잘못 만들어진 책은 구입처에서 교환해 드립니다.